Kirstin Gramowski

Verkehrserziehung

in der 3. und 4. Klasse

Materialien für den Unterricht
Hase und Igel®

www.hase-und-igel.de
Lektorat: Sandra Hummel-Kuhn
Satz: Margit Kick
Illustrationen: Carmen Hochmann
Druck: Himmer AG, Augsburg

ISBN 978-3-86760-847-3

Vorwort

Kinder haben Freude am Radfahren, es hält sie fit und macht sie selbstständig. Mit dem Fahrrad können sie bereits größere Entfernungen zurücklegen, ohne von Erwachsenen abhängig zu sein. Sich sicher im Straßenverkehr zu bewegen ist jedoch nicht ganz einfach. Kindern fehlt oft noch die Erfahrung. Sie lassen sich leicht ablenken und ihr Gefahrenbewusstsein sowie motorische und koordinative Fähigkeiten sind noch nicht ausreichend geschult. Deshalb müssen sie für Gefahrensituationen sensibilisiert werden und ein rücksichtsvolles, mitverantwortliches und vorausschauendes Verhalten entwickeln.

Verkehrserziehung ist in der gesamten Grundschulzeit Teil des Lehrplans und somit Unterrichtsgegenstand jeder Klasse. Integrieren Sie nach Möglichkeit viele Inhalte dazu in den laufenden Unterricht, in tägliche Spiel- und Bewegungszeiten, Unterrichtsgänge oder Projekttage. Die regelmäßige und vielfältige Auseinandersetzung mit den Verhaltensweisen und Regeln erleichtert es den Kindern, sich diese sicher zu merken.

Eine erfolgreiche Verkehrserziehung setzt zudem eine enge Zusammenarbeit mit außerschulischen Einrichtungen und der örtlichen Polizei voraus. Hierbei sind Erlasse und Vorgaben der Länder zu beachten, die sich in bestimmten Abläufen unterscheiden. In einigen Bundesländern findet die Ausbildung überwiegend in stationären oder mobilen Jugendverkehrsschulen statt, in anderen wiederum erfolgt ein Teil der praktischen Ausbildung im Straßenverkehr. Wenden Sie sich an die Verkehrswachten in Ihrem Bundesland. Dort erhalten Sie Kontaktdaten für Ansprechpartner, weiterführende Informationen und zusätzliche Materialien für Ihren Unterricht.

Der vorliegende Band unterstützt Sie in der theoretischen und praktischen Vorbereitung auf den Verkehrsunterricht in Ihrer Klasse und auf die Radfahrprüfung. Die abwechslungsreichen Kopiervorlangen decken alle wichtigen Lehrplanthemen des dritten und vierten Schuljahres ab und sind fächerübergreifend angelegt. Neben sachunterrichtlichen Schwerpunkten werden Querverbindungen zu den Fächern Deutsch, Mathematik, Kunst, Werken, Musik und Sport hergestellt.

Das Material besteht aus sechs Kapiteln, zu denen es jeweils einen Lehrerteil gibt. Dieser beinhaltet die Lösungen, didaktische Tipps zum Einsatz der Kopiervorlagen und weitere Ideen zur Unterrichtsgestaltung. Stellen Sie während der gesamten Unterrichtseinheit die wichtigsten Schilder in Farbe und beschriftet bereit oder lassen Sie diese von den Schülern für das Klassenzimmer basteln.

Das erste Kapitel beschäftigt sich mit Bewegung und Antrieb allgemein, vergleicht die Verkehrssituation früher und heute, befasst sich mit den Schulwegen der Kinder und bietet eine Planungshilfe für eine Radtour. Durch ein Experiment, den kritischen Vergleich von Fahrrad, Auto, Bus und Bahn oder eine Befragung von Erwachsenen finden die Schüler einen angemessenen Zugang zur kritischen Auseinandersetzung mit Umwelt und Verkehr.

Im zweiten Kapitel dreht sich alles ums Rad. Die Schüler beschäftigen sich auf vielfältige Weise damit: Es wird gerätselt, geklebt, gerechnet und gereimt. Ein Steckbrief wird erstellt, das Flicken eines Reifens geübt, mit Draht wird ein Fahrrad gebogen und mit einer selbst erstellten Druckvorlage werden Fantasieräder gedruckt.

Das dritte Kapitel legt einen Schwerpunkt auf den Sicherheitsaspekt im Straßenverkehr. Dabei geht es um die verkehrssichere Ausstattung von Fahrer und Rad, die Sichtbarkeit auch im Dunkeln, Erste-Hilfe-Maßnahmen sowie das Erkennen von Gefahren. Ein Unfallbericht und ein Sicherheitscheck runden das Kapitel ab.

Thema des vierten Kapitels sind alle Arten von Verkehrszeichen sowie der Sinn von Regeln und Zeichen. Durch Anmalen, Aufkleben, Zuordnen und Auswählen beschäftigen sich die Kinder intensiv mit den Schildern. Mit Bingo, Quartett, Sudoku oder einer Lernscheibe werden die Zeichen zusätzlich geübt. Der selbst gebastelte Verkehrsteppich kann vielfältig genutzt werden.

Alle wichtigen Verkehrsregeln werden im fünften Kapitel behandelt. Neben festgelegten Handlungs- und Bewegungsabläufen liegt der Schwerpunkt auf der Vermittlung von rücksichtsvollem und vorausschauendem Verhalten.

Das sechste Kapitel greift zunächst noch einmal wichtige Themen des Bandes auf und wiederholt diese in Form einer kleinen Theorieprüfung. Bei den Übungskarten steht dann die praktische Schulung der motorischen und koordinativen Fähigkeiten der Schüler im Vordergrund. Sie können variabel zusammengestellt und eingesetzt werden.

Lassen Sie alle Kopien und Schreibaufgaben in einer Mappe sammeln, sodass die Schüler darin nachschlagen und damit üben können.

Gutes Gelingen und viel Vergnügen beim Üben wünscht Ihnen und Ihrer Klasse

Kirstin Gramowski

Inhalt

1. Kapitel: Fortbewegung und Umwelt

2. Kapitel: Rund ums Fahrrad

3. Kapitel: Sicherheit für Radfahrer

Inhalt

4. Kapitel: Im Schilderwald

5. Kapitel: Unterwegs im Straßenverkehr

6. Kapitel: Fit fürs Rad

1. Kapitel: Fortbewegung und Umwelt

Vorbemerkung

Mobil sein – für Kinder der dritten und vierten Klasse wird das zunehmend wichtig. Bekannte Wege können sicher bewältigt werden, neue Bereiche kommen hinzu. Verschiedene Verkehrsmittel werden selbstständig genutzt, das Bewusstsein dafür geschärft. In diesem Kapitel befassen sich die Schüler mit unterschiedlichen Fortbewegungsmitteln, Antrieben sowie Verkehrsmitteln früher und heute. Sie beschäftigen sich mit dem eigenen Schulweg, führen Interviews mit Eltern und Großeltern über deren Weg zur Schule und lernen verschiedene Schulwegsituationen von Kindern auf der ganzen Welt kennen. Indem sie das Fahrrad mit motorisierten Fahrzeugen vergleichen, wird der Umweltaspekt in den Vordergrund gerückt. Das Lied der Radfahrbande bringt das kurzweilig auf den Punkt. Ein weiterer Schwerpunkt liegt schließlich auf der Planung einer Fahrradtour: vom Anlegen einer Mindmap für erste Ideen über das Studieren der Wettervorhersage, das Berechnen von Strecken und das Lesen von Karten bis hin zum Verfassen einer Wegbeschreibung.

Lehrplanbezug

Sachunterricht
- Verschiedene Fortbewegungsmittel für Kinder und Erwachsene kennenlernen
- Sich mit der Schulwegsituation von Kindern in anderen Ländern beschäftigen
- Verschiedene Möglichkeiten des Antriebs kennenlernen
- Vorteile des Verkehrsmittels Fahrrad herausstellen
- Eine Fahrradtour planen
- Sich mit verschiedenen thematischen Karten orientieren
- Kartenzeichen lesen und verstehen

Deutsch
- Interviews durchführen und Informationen sammeln und auswerten
- Texte inhaltlich erschließen und wichtige Textstellen markieren
- Liedstrophen ergänzen

Mathematik
- Karten, Lagepläne und Netzpläne lesen, Wege beschreiben
- Addition bis 100 wiederholen
- Diagramme lesen und erstellen

Musik
- Das Lied der Radfahrbande lernen und singen
- Mit ungewöhnlichen Materialien und Fahrradteilen Musik erzeugen

Zu den Kopiervorlagen

KV Seite 13

Fortbewegungsmittel

Einführend finden die Schüler im Gitterrätsel verschiedene Fortbewegungsmittel. Sie beschäftigen sich damit, wie sich Kinder und Erwachsene fortbewegen. Lassen Sie herausarbeiten, dass die von Erwachsenen genutzten Fortbewegungsmittel meist motorisiert sind. Wieso ist das wohl so?

Lösung

Aufgabe 1:

M	O	T	O	R	B	O	O	T	A	Z	T	R	G	S	D
K	L	M	N	W	S	Z	L	W	K	Z	A	P	S	K	L
O	B	U	S	K	R	T	H	O	K	U	T	S	C	H	E
W	E	P	T	L	T	A	G	H	S	G	A	K	H	U	M
F	A	H	R	R	A	D	X	N	A	L	S	M	L	B	N
U	N	T	A	O	X	E	R	M	Z	K	K	N	I	S	B
L	A	R	S	A	I	N	T	O	T	M	I	O	T	C	V
A	F	K	S	S	M	B	S	B	N	E	E	P	T	H	C
S	E	G	E	L	S	C	H	I	F	F	R	T	E	R	D
T	P	A	N	D	A	K	R	L	I	L	E	P	N	A	E
W	H	R	B	W	R	N	G	F	W	U	Z	A	H	U	S
A	M	E	A	E	O	A	H	K	L	G	T	U	G	B	W
G	C	L	H	K	L	P	J	S	A	Z	R	T	K	E	T
E	S	U	N	J	L	S	K	A	T	E	B	O	A	R	D
N	A	I	X	L	E	O	L	M	U	U	L	Z	T	R	A
K	M	O	T	O	R	R	A	D	T	G	K	S	E	W	O

Aufgabe 2:
z. B. Fahrrad, Bus, Zug, Inlineskates, Roller, Schlitten, Skateboard

Aufgabe 3:
z. B. Auto, Motorrad, Bus, Zug, Flugzeug, Schiff

KV Seite 14

Bewegung und Antrieb
Bewegung braucht immer eine Energiequelle. Das kann ein Motor sein, ein Tier, die eigene Muskelkraft oder die Kraft der Natur in Form von Wind, Strömung oder Verbrennung. Die Schüler stellen diesen Sachverhalt heraus, indem sie die Zuordnungen vornehmen. Kennen sie weitere Fortbewegungsmittel, die durch Windkraft angetrieben werden?

Lösung
Aufgabe 1:

	Antrieb		
	Tier	eigene Muskelkraft	Motor
	☐	☒	☐
	☐	☐	☒
	☐	☐	☐
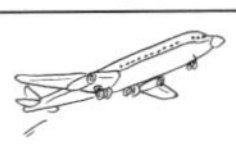	☐	☐	☒
	☐	☒	☐
	☐	☐	☒
	☒	☐	☐
	☐	☐	☒

Aufgabe 2:
Fortbewegungsmittel: Segelschiff, Antrieb: Wind

Weiterführende Anregung
Erstellen Sie ein kleines Lese- und Bewegungsspiel, das zur Auflockerung eingesetzt werden kann. Der Wortschatz wird ganz nebenbei gefestigt. Gespielt wird ähnlich der Regeln von Domino. Stellen Sie zweiteilige Karten her. Auf einem Teil steht das Bewegungsverb, z. B. hinken, auf dem anderen ein Satz mit einer Bewegungsvorgabe, z. B.: Tanze wie eine Ballerina. Jede weitere Karte schließt nun jeweils an den vorherigen Satz an. Auf der nächsten Karte steht also tanzen und ein neuer Satz, z. B.: Hüpfe wie ein Frosch. Auf der ersten Karte steht anstelle des Verbs „START". Auf der letzten Karte steht anstelle des Satzes „ENDE". Verteilen Sie die Karten unter den Spielern. Derjenige, der die START-Karte bekommen hat, beginnt mit der pantomimischen Darstellung. Wer die passende Karte dazu besitzt, darf nach vorn kommen und die nächste Bewegung vorführen. So geht es weiter, bis die letzte Karte gespielt wurde.

KV Seite 15

Die Kraft des Windes
Welche Fortbewegungsmittel benötigen Windkraft und welche Vor- und Nachteile bringt diese Art der Fortbewegung mit sich? Dieser kleine Exkurs kann gegebenenfalls auch als Einstieg in das Thema „Energie" dienen und regt die Kinder dazu an, sich kritisch mit diesem Thema zu beschäftigen. Da auch Wind als Energieerzeuger nicht immer zur Verfügung steht, wird das Thema „Energiesparen" ebenfalls beleuchtet.

Lösung
Aufgabe 1:
Katamaran, Paraglider, Segelflugzeug, Segelschiff, Windsurfer

Aufgabe 2:
z. B. Vorteile: Windkraft ist umweltfreundlich. Es entsteht kein Lärm. Es werden keine Abgase erzeugt. Windkraft kostet nichts.
Nachteile: Wenn kein Wind weht, kommt man nicht voran.

Weiterführende Anregungen
Um die Kraft von Luft zu demonstrieren, gibt es verschiedene Versuche und Spiele, welche mit der Klasse durchgeführt werden können:

- Watteparcours: Die Kinder müssen einen Wattebausch durch Pusten von A nach B befördern. Dafür legen sie auf einem Tisch einen Parcours fest. Geblasen wird mit einem Strohhalm. Wer schafft es am schnellsten?
- Watteball: Jeweils zwei Kinder spielen gegeneinander. Sie legen auf einem Tisch ein Spielfeld sowie je ein Tor auf jeder Spielerseite fest. Der Watteball darf nur durch Pusten bewegt werden. Wer erringt die meisten gegnerischen Tore?
- Blasekampf: Mehrere Kinder spielen um einen Tisch herum. In der Mitte liegt ein Wattebausch. Jeder versucht nun, diesen durch Blasen vom Tisch zu befördern. Der Spieler, bei dem die Watte auf den Boden fällt, erhält einen Minuspunkt.

Weitere Experimente mit einem Luftballon als Antrieb bieten sich an.

KV Seite 16 – Verkehrsmittel früher und heute

Mit dieser Kopiervorlage können Sie zusammen mit den Schülern eine Reise in die Vergangenheit unternehmen. Verschiedene Verkehrsmittel von früher und heute werden gegenübergestellt. Erarbeiten Sie die Unterschiede in Aussehen und Technik. Indem die Schüler sich eine Zeitreise ausdenken, setzen sie sich automatisch mit den Unterschieden zu heute auseinander.

Lösung
Aufgabe 1:

früher	heute
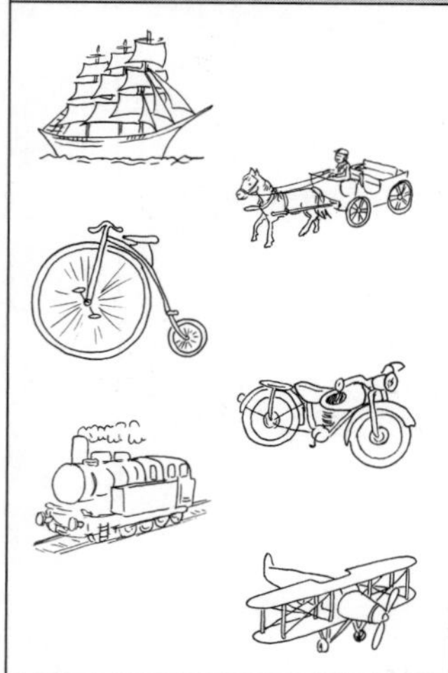	

KV Seite 17 – Schulweg-Befragung

Diese Kopiervorlage beschäftigt sich mit dem Thema „Schulweg". Zusätzlich wird das Lesen und Verstehen von Tabellen und Diagrammen geübt und vertieft. Besprechen Sie je nach Wissensstand Ihrer Klasse die Diagramme vorab gemeinsam. Wenn die Schüler sicher sind, können sie anschließend eine Befragung in der eigenen Klasse oder in den Parallelklassen durchführen und in Diagramme übertragen. Hierbei kann in Gruppen gearbeitet werden.

Lösung
Aufgabe 2:

☐ Die meisten Kinder fahren mit Bus oder Bahn.
☒ In Lauras Klasse sind 24 Kinder.
☒ Die meisten Kinder brauchen 5 bis 10 Minuten zur Schule.
☐ Die Hälfte der Kinder geht den Schulweg zusammen mit Freunden.
☒ Bei fast allen Kindern gibt es gefährliche Stellen auf dem Schulweg.

KV Seite 18 – Schulwege früher – Ein Interview

Die Kinder werden zu rasenden Reportern. Durch die Befragung von älteren Personen können sie herausfinden, was sich in Bezug auf den Schulweg verändert hat und was gleich geblieben ist. Vor- und Nachteile können besprochen werden. Was war früher schwierig? Welche Gefahren gab es und welche bestehen heute?

KV Seite 19 – Schulwege in anderen Ländern

Anhand kurzer Texte setzen sich die Schüler mit Schulwegen in anderen Ländern auseinander und vergleichen sie mit ihrem eigenen. Es bietet sich an, die Kinder dafür in Gruppen einzuteilen. Sie können die Länder auf der Weltkarte suchen und jeweils weitere Informationen dazu sammeln. Die Ergebnisse werden am Ende der Klasse präsentiert. Wer würde seinen Schulweg gerne tauschen?

Lösung
Aufgabe 1:
Mai-Lin, Liang und Akima – Thailand – ungefähr 40 Minuten – zu viert auf einem Moped
Henry – USA – etwa eine Stunde – Schulbus
Pedro und Gabriela – Brasilien – ungefähr eine Stunde – Boot
Aisha – Kenia – zwei Stunden – laufen – wilde Tiere
Ning – China – ungefähr 30 Minuten – mit dem Fahrrad
Nandu und Fidella – Angola – laufen – Minen

KV Seite 20 – Auto oder Fahrrad?

Sehr viele Menschen benutzen für weite Strecken ihr Auto, manche leider auch für kurze Strecken: zum Supermarkt um die Ecke zum Beispiel, oder zur Sporthalle, die nur zwei Kilometer entfernt liegt. Die folgenden Kopiervorlagen sollen helfen, die Kinder an umweltbewusstes Denken heranzuführen.

Lösung
Aufgabe 1:
Auto: Ich kann schneller fahren. Ich kann mehrere Personen auf einmal transportieren. Bei Regen wirst du mit mir nicht nass. Ich kann viel Gepäck transportieren. Ich kann längere Strecken fahren.

Fahrrad: Ich bin ein guter Fitnesstrainer. Mit mir hast du keine Parkplatzprobleme. Ich koste keine Parkgebühr. Ich mache keinen Lärm. Ich kann auch auf kleinen Wegen durch Wald und Wiesen fahren. Ich brauche wenig Platz. Stau gibt es bei mir nicht. Ich produziere keine Abgase. Ich mache dich wach.

Aufgabe 2:
z. B. Es würde viel mehr Verkehr geben. Dadurch wäre es für Fußgänger und Radfahrer gefährlicher. Es würde noch mehr Staus geben und die Umwelt würde noch mehr belastet werden. Es gäbe immer mehr Platzprobleme auf den Straßen und die Parkplätze würden nicht ausreichen. Deshalb müssten noch mehr Bäume gefällt und es müsste noch mehr Natur zugebaut werden.

KV Seite 21

Vor- und Nachteile von Verkehrsmitteln
Die Schüler setzen sich mit den Vor- und Nachteilen der verschiedenen Verkehrsmittel auseinander und überlegen, was sie selbst im Alltag zum Umweltschutz beitragen können. Fragen Sie die Kinder auch nach ihren Wünschen. Wie müsste der Verkehr sein, damit sie sich wohlfühlen? Was gefällt ihnen gar nicht am Verkehr? Arbeiten Sie mit der Klasse heraus, dass jedes Verkehrsmittel seine Vorteile hat.

Lösung
Aufgabe 1:
z. B.

Fahrrad	Auto	Bus
+ macht keinen Lärm + produziert keine Abgase + ist gut für die Gesundheit + braucht wenig Platz + ist unabhängig von Fahrplänen + kostet nicht viel + man hat keine Parkplatzprobleme – man kommt nicht so schnell voran – man kann keine weiten Strecken fahren – ist bei schlechtem Wetter ungeeignet – ist anstrengend	+ bietet viel Stauraum für Gepäck + kann mehrere Personen transportieren + ist unabhängig von Fahrplänen + ist bei fast jedem Wetter geeignet + man kommt schnell voran + man kann weite Strecken fahren – macht Lärm – verbraucht Benzin – produziert Abgase – braucht viel Platz auf Straßen – man hat Parkplatzprobleme – kostet viel Geld	+ kann viele Menschen transportieren + man hat keine Parkplatzprobleme + man muss nicht selbst fahren, kann also z. B. ein Buch lesen – produziert Abgase (aber im Verhältnis viel weniger als die entsprechende Anzahl von Autos) – ist abhängig von Fahrplänen – man kommt nicht immer genau dahin, wohin man möchte – kostet Geld

Aufgabe 2:
z. B. Man kann kurze Strecken mit dem Fahrrad fahren oder zu Fuß gehen. Wenn es sich anbietet, kann man weitere Strecken auch mit dem Bus oder der Bahn fahren. Zur Schule oder in die Arbeit kann man Fahrgemeinschaften mit Personen aus der Umgebung bilden, die dieselbe Strecke fahren.

Aufgabe 3:
Um 200 Personen zu transportieren, braucht man entweder: 1 Zug, 4 Busse oder 50 Autos.

KV Seite 22

Schadstoffe in der Luft
Autos und Schornsteine, von Fabriken oder Wohnhäusern, geben Rauch, Gase und Dämpfe ab, die unsere Luft verschmutzen. Aber auch Bäume, Gräser und Blüten geben Pollen und Blütenstaub ab. Mithilfe des Versuchs können die Schüler auf einfache Art und Weise feststellen, wie groß die Staubbelastung an verschiedenen Orten in ihrer Umgebung ist.

Beispiellösung
Aufgabe 2:
Auf dem Streifen, der an der verkehrsreichen Straße stand, wird sich mehr Staub und Ruß gesammelt haben.
Die Abgase der vielen Autos sorgen dafür, dass mehr Staub- und Schmutzpartikel in der Luft liegen, die dann am Klebeband hängen bleiben.

KV Seite 23

Die Radfahrbande brüllt
Üben Sie das Lied mit Ihren Schülern, bis die Melodie und der Rhythmus gut sitzen. Das Lied kann mit Klavier oder Gitarre begleitet werden. Die letzten drei Zeilen jeder Strophe werden wiederholt. Dabei wird der Text in der Klammer zunächst mitgesungen, bei der Wiederholung jedoch weggelassen.

Weiterführende Anregungen

- Die Schüler können sich zu den einzelnen Strophen Bewegungen ausdenken und diese während des Singens pantomimisch ausführen. Auf diese Weise kann ein Klassen-Bewegungslied entstehen, das während der gesamten Einheit gesungen werden kann. Die Schüler werden sicher Freude daran haben.
- Das Lied kann auch mit selbst hergestellten Fahrrad-Instrumenten begleitet werden. Es eignen sich alte Fahrradklingeln, Räder mit Speichen, Luftpumpen, der Rahmen usw. Der Fantasie sind hierbei kaum Grenzen gesetzt.
- Lassen Sie die Kinder weitere Strophen dichten. Diese Aufgabe eignet sich beispielsweise als Hausaufgabe oder als Zusatzaufgabe für schnelle Kinder sowie als Gruppenaufgabe in der Freiarbeit.

KV Seite 24

Unterwegs mit dem Bus

Richtiges Verhalten in Bus und Bahn ist wichtig. Besprechen Sie die gefährlichen Situationen mit Ihren Schülern und überlegen Sie gemeinsam, was aufgrund des Fehlverhaltens passieren könnte. Sammeln Sie gegebenenfalls weitere Regeln, die bei der Nutzung von öffentlichen Verkehrsmitteln zu beachten sind. Bei Lerngängen oder Ausflügen mit der Klasse, aber auch bei privaten Fahrten, ist es wichtig, dass die Schüler diese Regeln sicher kennen und verinnerlicht haben. Die Regeln können groß auf einem Plakat notiert und im Klassenzimmer aufgehängt werden.

Lösung

Aufgabe 1:

Aufgabe 2:

Sei rechtzeitig an der Haltestelle.
Gehe im Bus nach hinten durch.
An der Haltestelle sollst du nicht herumtoben.
Drängle nicht beim Ein- und Aussteigen.
Überquere die Straße nicht direkt vor oder hinter dem Bus.
Setze dich nicht auf ausgewiesene Behindertenplätze.

KV Seite 25

Fahrpläne lesen

Fahrpläne zu lesen ist meist nicht ganz einfach. Zur Tabellenform kommen oft Sonderhinweise, die beachtet werden müssen. Mit diesen Aufgaben trainieren die Schüler das Lesen eines Busfahrplans. Bringen Sie zusätzliche Fahrpläne mit in die Klasse. Falls sich auf dem Schulweg der Kinder eine Bushaltestelle befindet, können auch hierzu Aufgaben gegeben werden. Die Kinder können außerdem selbst Aufgaben und Fragen stellen, die von den Mitschülern beantwortet werden müssen.

Lösung

1. 214
2. Schlosspark
3. 7 Uhr
4. 30 Minuten
5. zwei Mal
6. an der Grundschule
7. 12:24 Uhr
8. vier Minuten
9. 18:24 Uhr

KV Seite 26

Fahrradtour – Planung

Die folgenden sechs Kopiervorlagen können für ein Kleinprojekt mit dem Ziel einer Radtour herangezogen werden. Mithilfe der ersten Kopiervorlage sammeln die Kinder nützliche Informationen im Hinblick auf einen Radausflug. Viele verschiedene Dinge müssen dafür berücksichtigt werden. Sie ordnen diese sinnvoll in einer Mindmap. Die Schüler lernen dadurch, Informationen und Ideen strukturiert darzustellen.

Lösung

z. B.

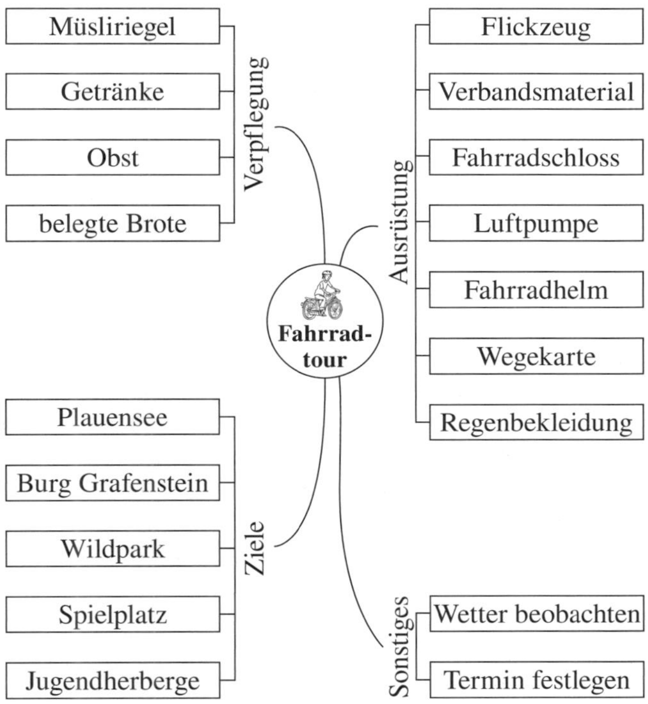

Fahrradtour – Wetterkarte lesen
KV Seite 27
Vor einer Fahrradtour ist es sinnvoll, die Wetteraussichten zu studieren, um für eine entsprechende Ausrüstung sorgen zu können. Dafür muss man die Legende der Karte lesen können. Die Schüler üben, mit einer Wetterkarte zu arbeiten. Schließlich ergänzen sie die Voraussage anhand der Wettersymbole und formulieren sie aus.

Lösung
Aufgabe 2:
☒ Im Süden Deutschlands scheint die Sonne.
☐ In Kiel kommt der Wind aus Osten.
☒ In Stuttgart weht ein leichter Wind.
☐ In Berlin ist es am wärmsten.
☒ In Kassel ist es windstill.
☒ In Bonn ist es stark bewölkt bei 22 °C.
☒ An den Seen in der Nähe Münchens ist heute Badewetter.

Aufgabe 3:
Der Freitag beginnt neblig und es kommt im Laufe des Tages immer wieder zu Regenfällen. Die Temperaturen liegen bei 11 °C. Am Samstag wird es dann zunehmend freundlicher. Es ist sonnig und die Temperaturen steigen auf 14 °C.

Fahrradtour – Richtungen unterscheiden
KV Seite 28
Das sichere Unterscheiden der verschiedenen Richtungen, insbesondere rechts und links, ist gerade im Verkehr äußerst wichtig. Viele Schüler haben in der Grundschule jedoch noch Probleme damit. Deshalb ist es wichtig, immer wieder entsprechende Übungen in den Schulalltag zu integrieren. Der Unterschied zwischen Realität und Karte wird mit den beiden Aufgabenstellungen deutlich. Während die Wirklichkeit dreidimensional ist und man sich in der Ebene wie auch in der Höhe orientieren kann, bleibt eine Karte zweidimensional. Hier werden die Richtungen mit den Himmelsrichtungen, dargestellt in einer Windrose, wiedergegeben.

Lösung
Aufgabe 1:
Das Reh steht zwischen zwei Bäumen. Das Wildschwein steht vor einem Wegweiser. Der Vogel sitzt auf einem Baum. Der Fuchs sitzt hinter einem Stein.

Aufgabe 2:

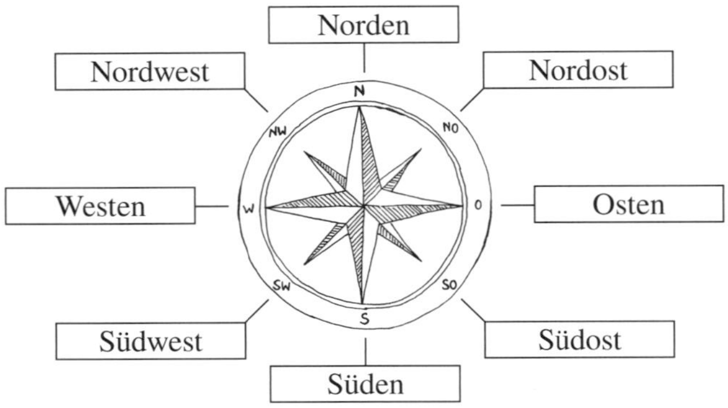

Fahrradtour – Zeichenerklärung verstehen
KV Seite 29
Um später einen Stadtplan richtig lesen zu können, lernen die Schüler auf dieser Seite bereits verschiedene Zeichen und Symbole kennen. Manche Zuordnungen lassen sich logisch herleiten, z. B. Kreuze für den Friedhof oder das Posthorn für die Post. Manche Zeichen sind abstrakter, z. B. Nadel- oder Laubbaum. Legen Sie einfache Wanderkarten bereit, auf denen diese Symbole abgebildet sind. Dort finden die Schüler auch die Erklärungen. Anhand der Wegbeschreibung werden schließlich die Symbole in der richtigen Reihenfolge verbunden. Hieraus lässt sich vertiefend ein Schreibspiel für zwei ableiten: Ein Kind schreibt eine kurze Wegbeschreibung, in der verschiedene Kartensymbole genannt werden. Das zweite Kind malt diese auf. Die Symbole können auch als Kärtchen vorbereitet und nacheinander abgelegt werden.

Lösung
Aufgabe 1:

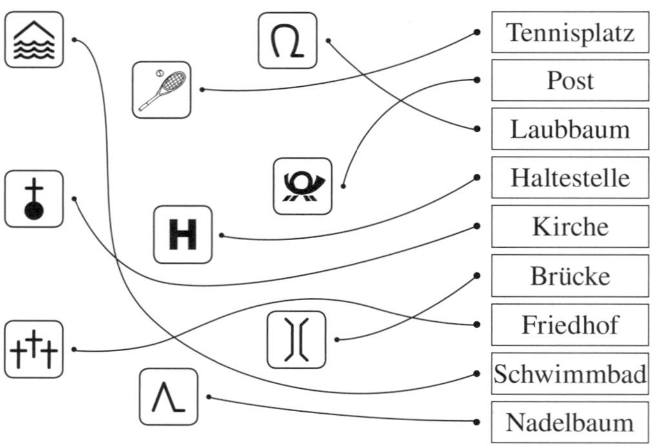

Aufgabe 2:
Die Zeichenerklärung auf Karten und Stadtplänen nennt man: Legende.

Aufgabe 3:

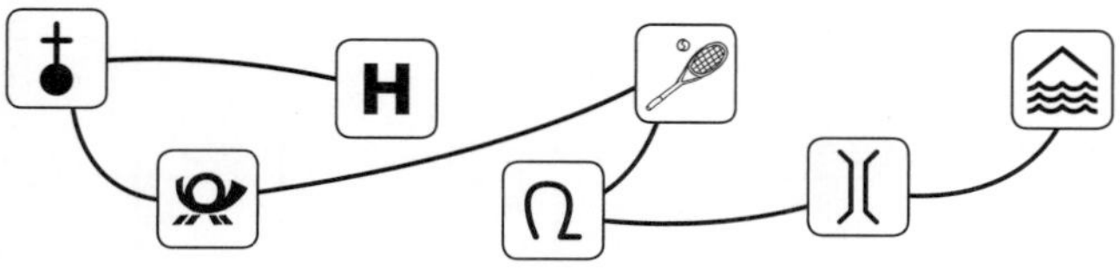

KV Seite 30

Fahrradtour – Strecken berechnen

Bei der Planung einer Radtour sollte man die Distanz der Tour nicht außer Acht lassen. Auf dem Stadtplan messen die Schüler die beiden Strecken aus und berechnen deren Länge. Hier kann im Hinblick auf die Sicherheit im Straßenverkehr diskutiert werden, welcher Weg wohl sicherer ist: quer durch das Dorf oder entlang der größeren Straße?

Lösung

Aufgabe 1:

Weg 1: 2 cm + 7,5 cm + 1 cm + 3,5 cm + 1 cm = 15 cm
Weg 2: 2 cm + 15 cm + 2 cm = 19 cm

Aufgabe 2:

a) 24 km + 12 km = 36 km
b) 16 km + 27 km = 43 km

KV Seite 31

Fahrradtour – Stadtplan lesen

Anhand der Vorlage üben die Schüler das Lesen eines Stadtplans. Sie ergänzen die Wegbeschreibung, indem sie die Karte zu Hilfe nehmen. Anschließend erweitern sie den Stadtplan und denken sich einen neuen Weg aus. Kann der Partner den Weg richtig einzeichnen?

Vertiefend wird es den Schülern Spaß machen, ihren Schulweg in Form einer solchen Wegbeschreibung zu notieren. Sie können noch einen Schritt weiter gehen und von jedem Schüler eine Karte anfertigen lassen.

Lösung

Aufgabe 2:

Tom überquert die Kreuzung zweimal zu Fuß. Dann steigt er auf sein Rad und fährt auf der Hauptstraße Richtung Osten weiter. Er biegt links in den Spielplatzweg ein. An der nächsten Straße biegt er rechts ab. Jan wartet bereits am Straßenrand. Am Ende des Finkenwegs biegen sie nach rechts ab. An der nächsten Kreuzung fahren sie nach links auf die Hauptstraße. Schließlich biegen sie links in den Seeweg ein. Angekommen!

Name:

Fortbewegungsmittel

Im Gitterrätsel verstecken sich 18 Fortbewegungsmittel. Markiere sie farbig.

M	O	T	O	R	B	O	O	T	A	Z	T	R	G	S	D
K	L	M	N	W	S	Z	L	W	K	Z	A	P	S	K	L
O	B	U	S	K	R	T	H	O	K	U	T	S	C	H	E
W	E	P	T	L	T	A	G	H	S	G	A	K	H	U	M
F	A	H	R	R	A	D	X	N	A	L	S	M	L	B	N
U	N	T	A	O	X	E	R	M	Z	K	K	N	I	S	B
L	A	R	S	A	I	N	T	O	T	M	I	O	T	C	V
A	F	K	S	S	M	B	S	B	N	E	E	P	T	H	C
S	E	G	E	L	S	C	H	I	F	F	R	T	E	R	D
T	P	A	N	D	A	K	R	L	I	L	E	P	N	A	E
W	H	R	B	W	R	N	G	F	W	U	Z	A	H	U	S
A	M	E	A	E	O	A	H	K	L	G	T	U	G	B	W
G	C	L	H	K	L	P	J	S	A	Z	R	T	K	E	T
E	S	U	N	J	L	S	K	A	T	E	B	O	A	R	D
N	A	I	X	L	E	O	L	M	U	U	L	Z	T	R	A
K	M	O	T	O	R	R	A	D	T	G	K	S	E	W	O

Welche Fortbewegungsmittel benutzt du?

____

____

Welche Fortbewegungsmittel werden vor allem von Erwachsenen benutzt?

____

____

____

Name: 

Bewegung und Antrieb

Wo greifen Menschen bei der Fortbewegung auf die Hilfe von Tieren zurück? Wann müssen sie selbst Kraft aufbringen? Und wo sorgt ein Motor für den Antrieb?

Kreuze die jeweils passende Antriebsart an.
Achtung: Einmal kannst du kein Kreuz setzen!

	Antrieb		
	Tier	eigene Muskelkraft	Motor
	☐	☐	☐
	☐	☐	☐
	☐	☐	☐
	☐	☐	☐
	☐	☐	☐
	☐	☐	☐
	☐	☐	☐
	☐	☐	☐

Eine Art der Fortbewegung kann nicht zugeordnet werden. Welche?
Wer sorgt hier für den Antrieb?

Fortbewegungsmittel: ____________________

Antrieb: ____________________

Name:

Die Kraft des Windes

Ein Segelschiff kommt ganz ohne Motor aus. Es wird nur durch die Kraft des Windes angetrieben. Früher war das die einzige Möglichkeit, über das Meer zu fahren.
Da es heute große Schiffe gibt, die mit starken Motoren angetrieben werden, wird Segeln hauptsächlich als Sport betrieben.

Welche der Fortbewegungsmittel benötigen Windkraft? Male sie an.

Welche Vorteile und welche Nachteile hat die Fortbewegung durch Windkraft? Sprecht in Gruppen darüber und tragt eure Ergebnisse in die Tabelle ein.

Vorteile	Nachteile

Name:

Verkehrsmittel früher und heute

Mit welchen Fortbewegungsmitteln waren die Menschen vor ungefähr hundert Jahren unterwegs und welche benutzt man heute? Klebe die Bilder passend ein.

früher	heute

Stell dir vor, du reist mit einer Zeitmaschine hundert Jahre in die Vergangenheit. Wie sieht es dort aus? Was ist anders als heute? Schreibe die Geschichte über deine Zeitreise auf ein Blatt. Die Begriffe helfen dir.

langsam laut groß wenige Straßen wenig Verkehr

✂

Name:

Schulweg-Befragung

Laura hat alle Kinder ihrer Klasse zu deren Schulweg befragt.
Entnimm die Ergebnisse der folgenden Tabelle und den Diagrammen.

1. Wie kommst du meistens zur Schule?

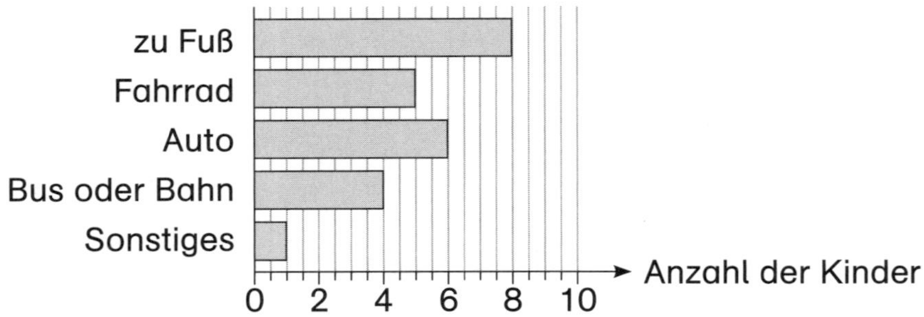

2. Wie lange dauert dein Schulweg?

Dauer des Schulwegs	5–10 min	10–20 min	20–30 min	30–40 min
Anzahl der Kinder	11	8	4	1

3. Gehst du meistens allein, mit Freunden oder mit deinen Eltern?

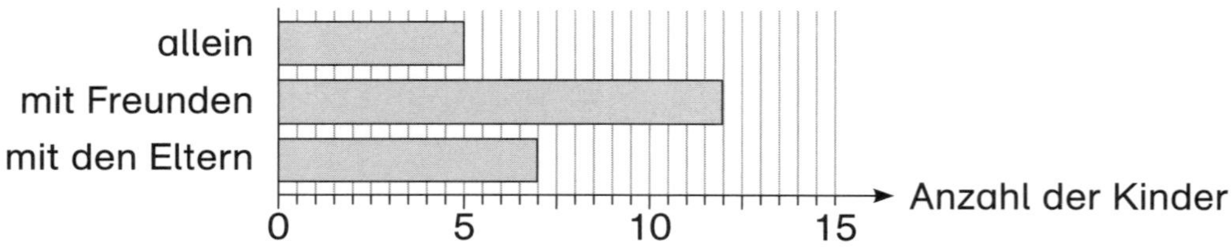

4. Gibt es auf deinem Schulweg gefährliche Stellen?

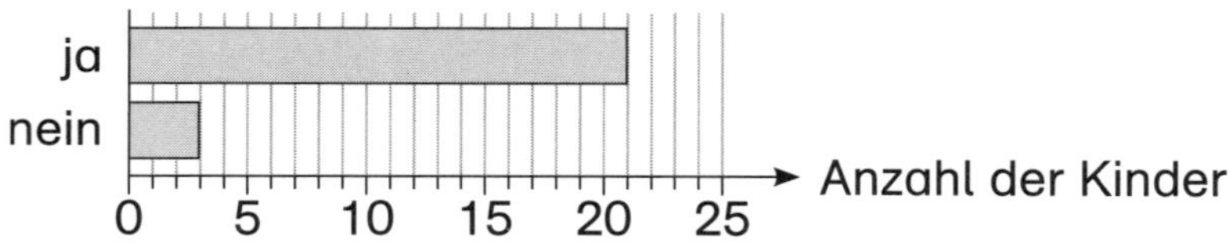

Kreuze die richtigen Aussagen an.

- ☐ Die meisten Kinder fahren mit Bus oder Bahn.
- ☐ In Lauras Klasse sind 24 Kinder.
- ☐ Die meisten Kinder brauchen 5 bis 10 Minuten zur Schule.
- ☐ Die Hälfte der Kinder geht den Schulweg zusammen mit Freunden.
- ☐ Bei fast allen Kindern gibt es gefährliche Stellen auf dem Schulweg.

Name:

Schulwege früher - Ein Interview

Befrage deine Eltern, Großeltern oder deine Tanten und Onkel über ihren Weg zur Schule. Fallen dir noch weitere Fragen ein? Schreibe die Ergebnisse auf.

Name des Reporters: ______________ Befragte Person: ______________ Datum des Interviews: ______________

1. In welchem Jahr wurdest du eingeschult? ______________

2. Wo bist du zur Grundschule gegangen? ______________

3. Wie bist du zur Schule gekommen?
   ☐ zu Fuß ☐ mit dem Rad ☐ mit dem Auto ☐ mit der Bahn ☐ mit dem Bus

4. Bist du allein oder mit deinen Freunden oder Eltern gefahren oder gelaufen?
   ____

5. Wie lange dauerte dein Schulweg ungefähr?
   ____

6. Gab es auf deinem Schulweg gefährliche Stellen? ☐ ja ☐ nein
   Wenn ja, wie sahen sie aus?
   ____
   ____

7. Mochtest du deinen Schulweg? Begründe.
   ☐ Ja, weil ______________
   ☐ Nein, weil ______________

8. Welche Unterschiede gab es zu den Schulwegen heute?
   ____
   ____

Name:

Schulwege in anderen Ländern

Kinder aus anderen Ländern erzählen von ihrem Schulweg.
Lies die Texte und markiere die Informationen farbig.

- Name der Kinder: Gelb
- Dauer des Schulwegs: Orange
- Gefahren auf dem Schulweg: Rot
- Land, aus dem das Kind kommt: Grün
- Art der Fortbewegung: Blau

Hallo, wir sind Mai-Lin, Liang und Akima und kommen aus Thailand. Unser Papa fährt uns morgens immer auf dem Moped zur Schule. Zu viert auf einem Moped! Das ist ganz schön gefährlich. Die Fahrt dauert ungefähr 40 Minuten.

Mein Name ist Henry. Ich komme aus Texas (USA) und wohne auf dem Land. Meine Schule befindet sich in Jacksboro. Das ist ein ganzes Stück von meinem Zuhause entfernt. Aber ich werde jeden Morgen von einem Schulbus abgeholt. Die Fahrt dauert etwa eine Stunde.

Wir sind Pedro und Gabriela und wohnen mitten im Regenwald in Brasilien. Unser Schulweg führt übers Wasser. Der Weg mit dem Boot über den Amazonas dauert ungefähr eine Stunde.

Ich heiße Aisha und lebe in Kenia (Ostafrika). Mein Schulweg dauert zwei Stunden. Er ist gefährlich, denn unterwegs gibt es wilde Tiere. Ich laufe immer barfuß. Bei uns gibt es keine Schulbusse und ein Fahrrad haben nur reiche Menschen.

Wir heißen Nandu und Fidella. Wir kommen aus Angola in Afrika. Wir müssen auf unserem Schulweg immer ganz besonders aufpassen. Der Krieg in unserem Land ist zwar vorbei, aber es gibt immer noch viele Minen. Zum Glück arbeiten hier Minenräumer. Sie suchen die Minen und zeigen uns, wo wir ohne Gefahr laufen können.

Ich bin Ning und wohne in China. Ich fahre mit dem Fahrrad zur Schule. Das dauert ungefähr 30 Minuten. Bei uns fahren sehr viele Leute mit dem Fahrrad. Hier haben die Fahrradfahrer oft eine ganze Fahrspur für sich.

Sprecht in der Klasse über die verschiedenen Schulwege der Kinder.
Würdet ihr gerne mit einem Kind tauschen? Auch für ein ganzes Jahr?

Name:

Auto oder Fahrrad?

Male das Auto blau und das Fahrrad rot an.

Lies die Texte in den Sprechblasen. Ordne sie den Fahrzeugen zu, indem du sie mit den passenden Farben anmalst.

Ich bin ein guter Fitnesstrainer.

Ich kann schneller fahren.

Mit mir hast du keine Parkplatzprobleme.

Ich kann längere Strecken fahren.

Ich koste keine Parkgebühr.

Ich mache dich wach.

Ich mache keinen Lärm.

Ich kann viel Gepäck transportieren.

Ich kann auch auf kleinen Wegen durch Wald und Wiesen fahren.

Ich produziere keine Abgase.

Ich brauche wenig Platz.

Bei Regen wirst du mit mir nicht nass.

Stau gibt es bei mir nicht.

Ich kann mehrere Personen auf einmal transportieren.

Schon gewusst?
Bei Entfernungen, die kürzer als 6 km sind, ist das Fahrrad meistens das schnellste Verkehrsmittel. Trotzdem fahren viele Menschen auch solche kurzen Strecken mit dem Auto.

Was würde passieren, wenn alle Menschen nur noch mit dem Auto fahren würden? Sprich mit einem Partner darüber.

Name:

Vor- und Nachteile von Verkehrsmitteln

Vergleicht das Fahrrad mit Auto und Bus. Überlegt zu zweit, welche Vorteile (+) und Nachteile (−) es jeweils gibt. Füllt die Tabelle aus. Die folgenden Stichpunkte helfen euch.

Platz | Gesundheit | Abgase | Lärm | Gepäck | Personenanzahl

Fahrrad	Auto	Bus
+ macht keinen Lärm		

Was kann jeder Einzelne tun, damit weniger Verkehr auf den Straßen herrscht?

Es sollen 200 Menschen transportiert werden. Wie viele Züge, Busse oder Autos sind dafür notwendig? Rechne aus und schreibe die Anzahl zu den Fahrzeugen.

[1]  400 Personen

[ ]  50 Personen

[ ]  4 Personen

Name: 

Schadstoffe in der Luft

In der Luft befindet sich viel Staub. Ein großer Teil davon stammt vom Straßenverkehr.

Führe folgenden Versuch durch. Damit kannst du die Staubbelastung in deiner Umgebung feststellen.

Du brauchst:

- zwei Gläser
- durchsichtige Klebestreifen oder Klebefolie
- zwei Gummis
- Lupe

So geht's:

1. Befestige über beiden Gläsern jeweils einen breiten Klebestreifen. Die Klebeseite muss nach oben zeigen. Nimm die Gummis zu Hilfe. Kennzeichne beide Gläser als Experiment.
2. Stelle ein Glas in der Nähe einer viel befahrenen Straße auf. Platziere es so, dass es niemanden stört. Stelle das andere Glas im Wald, auf einer Wiese oder in deinem Garten auf. Es sollte zu dieser Zeit nicht regnen.
3. Sammle die Gläser am nächsten Tag wieder ein.
4. Klebe die Klebestreifen in die Kästchen und schreibe dazu, wo das Glas jeweils stand.

Betrachte die Streifen mit einer Lupe. Was fällt dir auf? Schreibe deine Beobachtung auf und versuche sie zu erklären.

Die Radfahrbande brüllt

Melodie: Die Affen rasen durch den Wald

2. An meinem Rad ist alles dran,
dass mir auch nichts passieren kann.
Die ganze Radfahrbande brüllt:
I: „Zieht eure Helme auf,
schwingt euch aufs Fahrrad drauf!
Und dann geht's raus in die Natur.“ :I

3. Lass doch das Auto auch mal stehn,
versuch den kurzen Weg zu gehn.
Die ganze Radfahrbande brüllt:
I: „Denk an die Zukunft nun,
wir müssen etwas tun!
Hopp hopp, wach auf und hilf (uns doch)
dabei!“ :I

4. Der Fahrtwind weht uns ins Gesicht,
und gut tut auch das Sonnenlicht.
Die ganze Radfahrbande brüllt:
I: „Wir bleiben rank und schlank
und werden selten krank,
durch frische Luft und (viel) Bewegung!“ :I

5. Da, unser Nachbar, Herr Flanier,
fährt nur zum Spaß durch das Quartier.
Die ganze Radfahrbande brüllt:
I: „Herr Nachbar, das geht nicht!
Sie sind ein fauler Wicht!
Wie wär's, wenn Sie (auch mal) spazieren
gehn?“ :I

6. Da vorne ist ein Megastau,
dem Autofahrer wird schon flau.
Die ganze Radfahrbande brüllt:
I: „Da steht ein Jaguar,
doch wir sind schneller da
und fahren einfach (ganz flott) dran vorbei!“ :I

7. Mit meinem Fahrrad kann ich fahrn,
das Fahrradfahrn ist schadstoffarm.
Die ganze Radfahrbande brüllt:
I: „Wir machen keinen Gestank,
und brauchen keinen Tank!
Wir sind die schadstofffreie (Radfahr-)Gang!“ :I

8. Und die Moral von der Geschicht:
Nehmt euer Auto lieber nicht,
weil sonst die Radfahrbande brüllt:
I: „Habt wohl nicht aufgepasst,
euch nicht damit befasst!
Habt ihr denn nichts hieraus gelernt?“ :I

Name:

Unterwegs mit dem Bus

Der Schulbus kommt. Die meisten Kinder verhalten sich richtig, aber nicht alle. Erkennst du, an welchen Stellen gefährliche Situationen entstehen? Streiche sie rot durch.

Es gibt Regeln, an die du dich beim Busfahren halten musst. Male alle richtigen Regeln grün an.

Versuche immer, der erste Fahrgast im Bus zu sein.

Du darfst dich auch auf Plätze für Behinderte setzen.

Bleibe an der Haltestelle immer in Bewegung.

Sei nie zu früh an der Haltestelle.

Sei rechtzeitig an der Haltestelle.

Gehe im Bus nach hinten durch.

An der Haltestelle sollst du nicht herumtoben.

Drängle nicht beim Ein- und Aussteigen.

Überquere die Straße direkt vor oder hinter dem Bus.

Überquere die Straße nicht direkt vor oder hinter dem Bus.

Setze dich nicht auf ausgewiesene Behindertenplätze.

Bleibe im Bus immer vorn stehen.

Name:

Fahrpläne lesen

Sieh dir den Busfahrplan genau an. Beantworte dann die folgenden Fragen.

214 Hauptbahnhof – Freibad – Schlosspark									
	Montag bis Freitag					Samstag		Sonntag	
Hauptbahnhof	07:00	09:15	12:00	15:15	18:00!	10:15	15:15	12:00	15:15
Steinstraße	07:05	09:20	12:05	15:20	18:05!	10:20	15:20	12:05	15:20
Grundschule	07:18*	09:33*	12:18*	15:33*	18:18*!	10:33*	15:33*	12:33*	15:33*
Freibad	07:24	09:39	12:24	15:39	18:24!	10:39	15:39	12:24	15:39
Hauptstraße	07:28	09:43	12:28	15:43	18:28!	10:43	15:43	12:28	15:43
Schlosspark	07:30	09:45	12:30	15:45	18:30!	10:45	15:45	12:30	15:45
	* hält nicht in den Schulferien ! fährt nicht an Feiertagen								

1. Welche Liniennummer hat der Bus des abgebildeten Busfahrplans? ______________________

2. Wie heißt die Endstation? ______________________

3. Wann fährt montags der erste Bus am Hauptbahnhof ab? ______________________

4. Du nimmst den Bus um 09:15 Uhr vom Hauptbahnhof zum Schlossplatz.

   Wie lange dauert die Fahrt? ______________________

5. Wie oft fährt der Bus samstags vom Hauptbahnhof ab? ______________________

6. An welcher Station hält der Bus in den Schulferien nicht? ______________________

7. Wann kommst du am Freibad an, wenn du um 12 Uhr am Hauptbahnhof einsteigst?

   ____

8. Du kommst am Dienstag um 12:20 Uhr zur Haltestelle Freibad. Wie lange musst du auf den nächsten Bus warten? ______________________

9. Du hast am Mittwoch den Bus am Freibad um 15:39 Uhr verpasst.

   Wann fährt der nächste? ______________________

Name:

Fahrradtour - Planung

Du planst eine Radtour mit deiner Familie. Schneide die Stichpunkte aus und ordne sie sinnvoll in das Gedankennetz ein. Ergänze weitere Ideen.

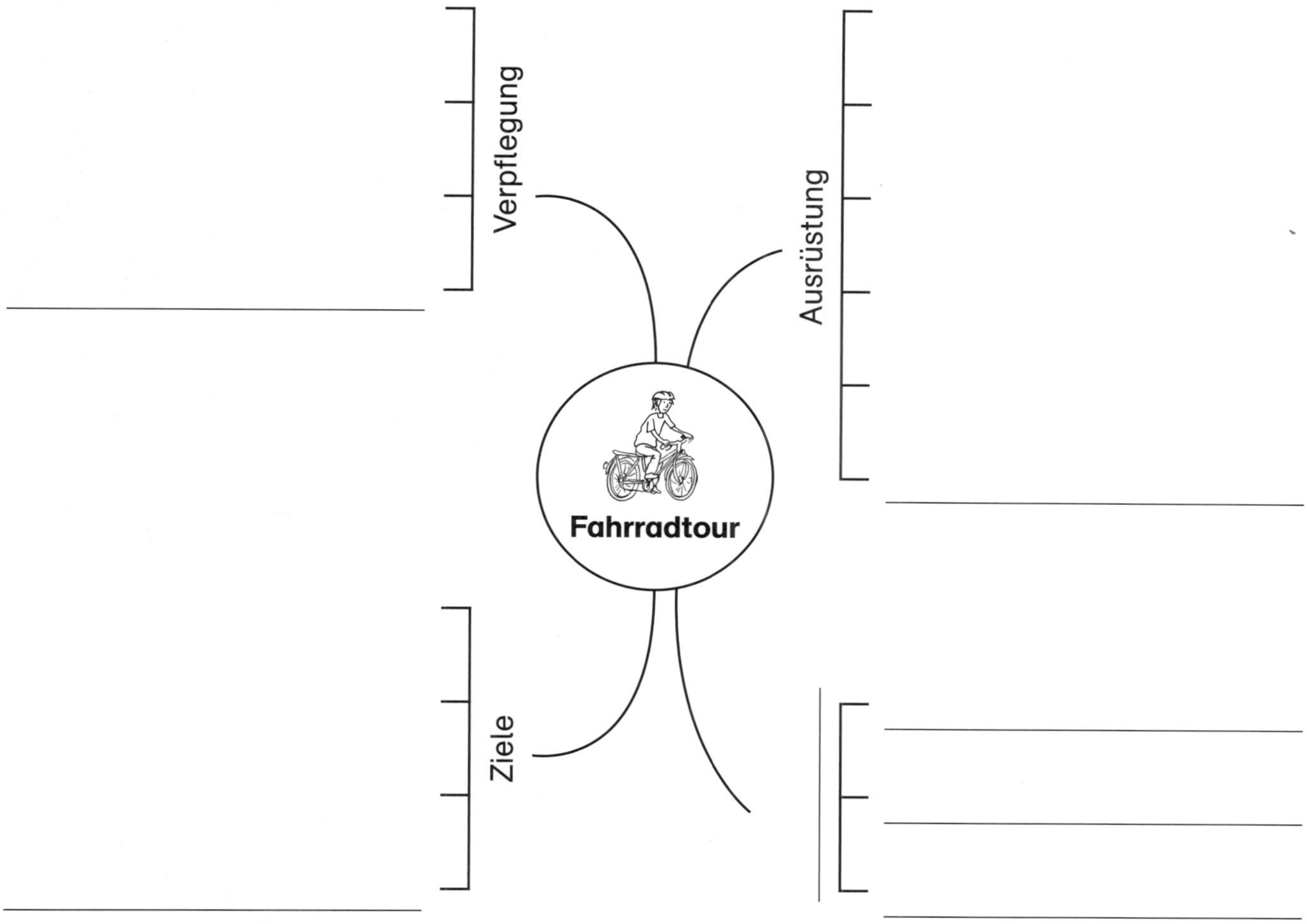

Plauensee	Flickzeug	Burg Grafenstein
Müsliriegel	Verbandsmaterial	Fahrradhelm
Obst	Wildpark	Getränke
Luftpumpe	Fahrradschloss	

Name:

Fahrradtour - Wetterkarte lesen

Informiere dich für die Radtour über das Wetter. Sieh dir die Wetterkarte genau an.

- sonnig
- leicht bewölkt
- stark bewölkt
- Regen
- Gewitter
- Nebel
- Schnee
- Wind
- Himmelsrichtung
- Temperatur

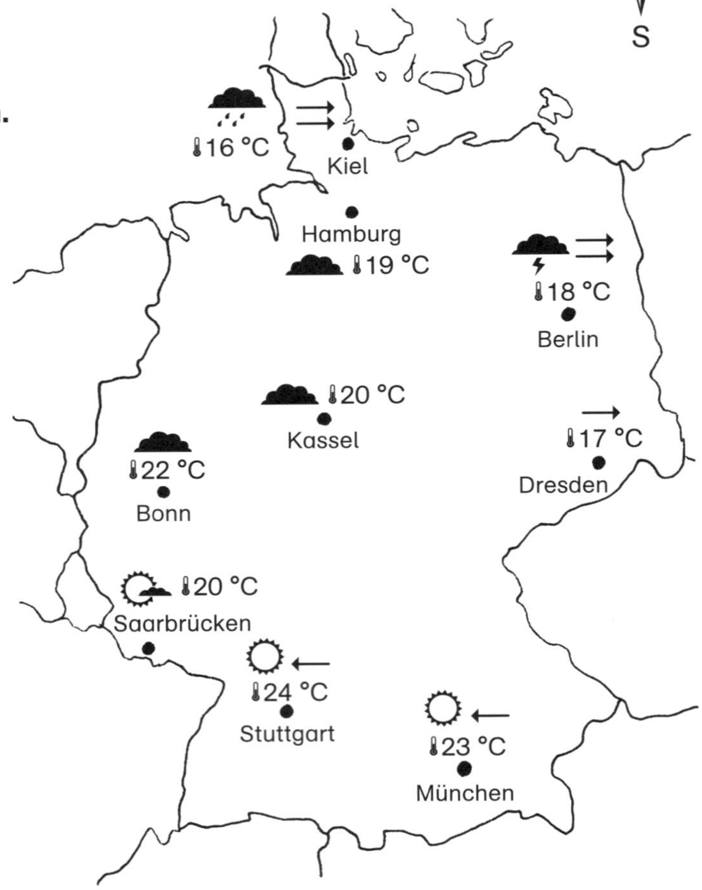

Welche der folgenden Aussagen sind richtig? Kreuze an.

- ☐ Im Süden Deutschlands scheint die Sonne.
- ☐ In Kiel kommt der Wind aus Osten.
- ☐ In Stuttgart weht ein leichter Wind.
- ☐ In Berlin ist es am wärmsten.
- ☐ In Kassel ist es windstill.
- ☐ In Bonn ist es stark bewölkt bei 22 °C.
- ☐ An den Seen in der Nähe Münchens ist heute Badewetter.

Lies die Wettervorhersage und schreibe sie vollständig auf ein Blatt.

Der Freitag beginnt und es kommt im Laufe des Tages immer wieder zu . Die Temperaturen liegen bei 11 °C. Am Samstag wird es dann zunehmend freundlicher. Es ist und die Temperaturen steigen auf 14 °C.

Name:

Fahrradtour – Richtungen unterscheiden

Um sich mit Landkarten orientieren zu können oder sich im Verkehr sicher zurechtzufinden, ist es wichtig, Richtungen unterscheiden zu können.

Du fährst den Weg entlang. Schreibe in die Kästchen, wo sich die Tiere jeweils befinden. Verwende die Wörter „auf“, „vor“, „hinter“ und „zwischen“.

Auf einer Landkarte bezeichnet man Richtungen mit den Himmelsrichtungen. Beschrifte die Windrose. Die Buchstaben helfen dir.

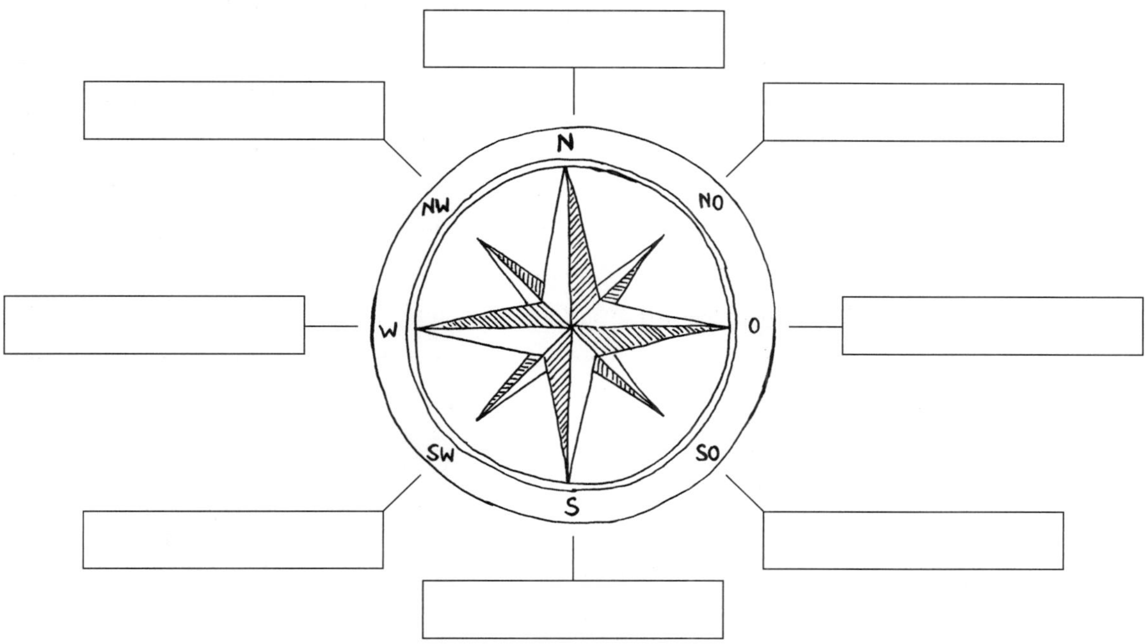

Name:

Fahrradtour – Zeichenerklärung verstehen

Um eine Karte lesen zu können, musst du die Zeichen kennen.
Verbinde die folgenden Symbole mit der passenden Bedeutung.

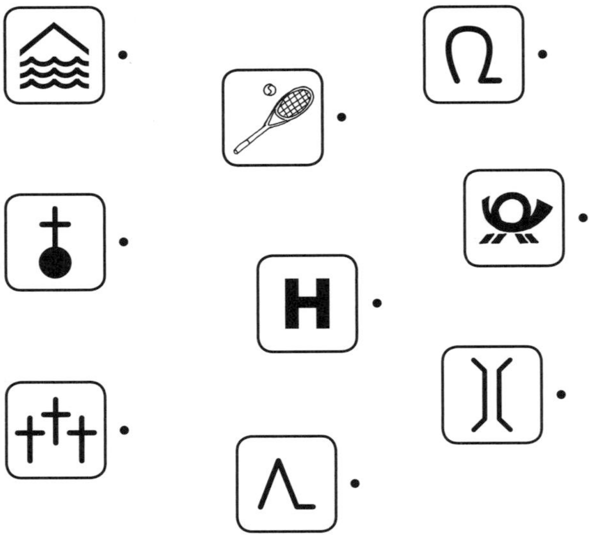

- Tennisplatz
- Post
- Laubbaum
- Haltestelle
- Kirche
- Brücke
- Friedhof
- Schwimmbad
- Nadelbaum

Wie nennt man die Zeichenerklärung auf Karten und Stadtplänen? Kreise ein.

Gelände   Legende   Geländer   Lager   Märchen

Tobias fährt mittags mit dem Rad zum Schwimmbad. Verbinde die Symbole, an denen er vorbeikommt, in der richtigen Reihenfolge miteinander.

Tobias fährt auf der Hauptstraße durch den Ort. An der Haltestelle steht Annika. Er winkt ihr zu. Als er am Kirchturm vorbeikommt, sieht er, dass es zwei Uhr ist. Er macht kurz Halt an der Post, denn er braucht Briefmarken. Am Ortsausgang kommt er langsam ins Schwitzen: Heute ist es aber heiß! Und auf dem Tennisplatz spielen sogar einige Leute Tennis! Im Buchenwald hat er endlich ein wenig Schatten. Nur noch über die Brücke und schon ist er im Schwimmbad.

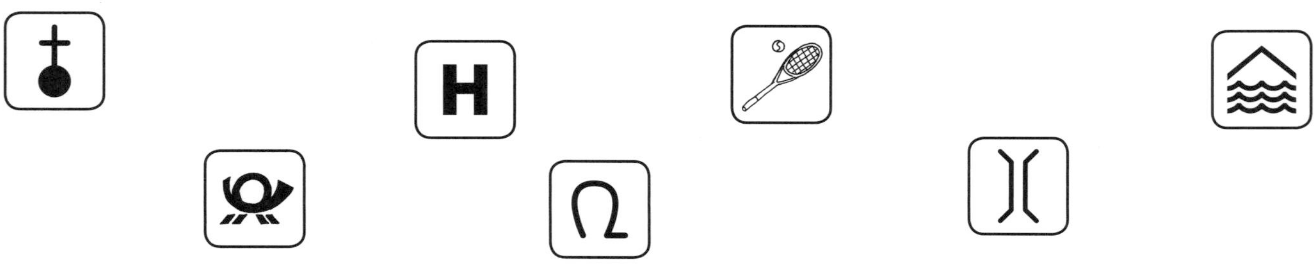

Name:

Fahrradtour - Strecken berechnen

Welcher ist der kürzere Weg vom grauen Wohnhaus zum Plauensee? Miss die Teilstrecken und zähle sie zusammen. Fahre dann den kürzeren Weg mit einem Buntstift nach.

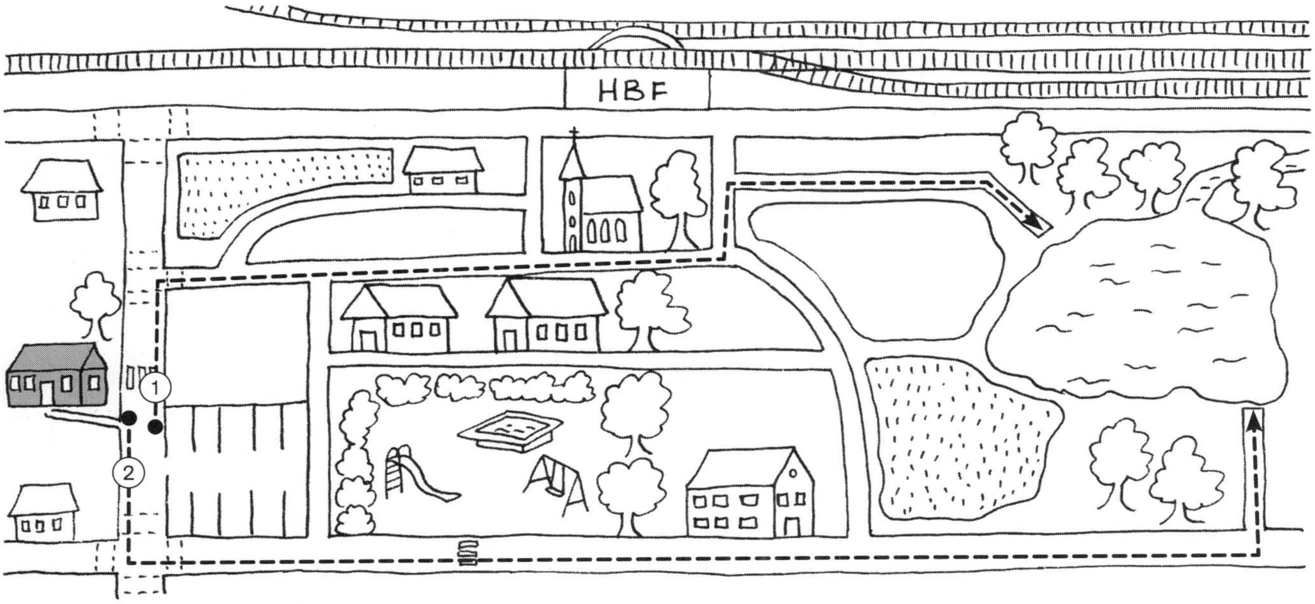

Weg 1: ____ cm + ____ cm + ______________________

Weg 2: ______________________

Sieh dir den Kartenausschnitt an und rechne. Wie viele Kilometer sind es …

a) vom Plauensee zum Campingplatz? ______________________

b) vom Campingplatz zur Jugendherberge? ______________________

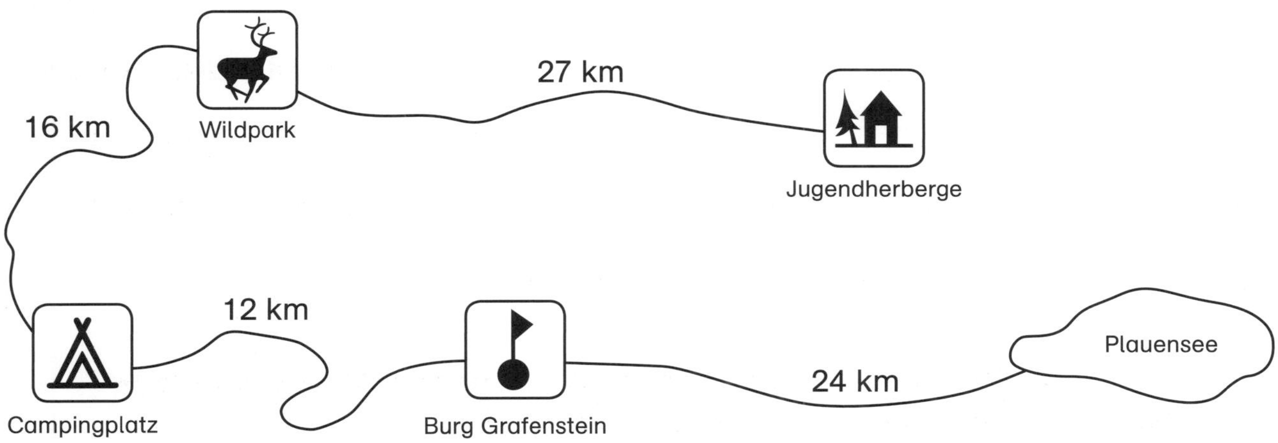

Name:

Fahrradtour - Stadtplan lesen

Tom holt Jan mit dem Rad zum Baden ab. Sieh dir den Weg genau an.

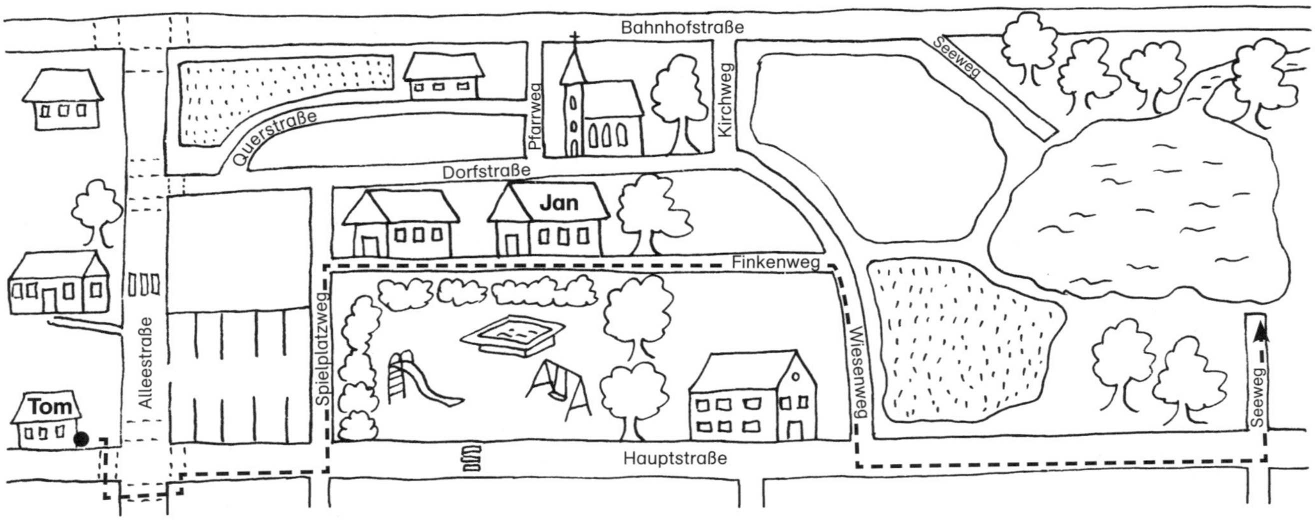

Ergänze die folgende Wegbeschreibung passend.

rechts | links | Finkenwegs | rechts | Seeweg | links | Osten

Tom überquert die Kreuzung zweimal zu Fuß. Dann steigt er auf sein Rad und fährt auf der Hauptstraße Richtung ____________ weiter. Er biegt ____________ in den Spielplatzweg ein. An der nächsten Straße biegt er ____________ ab. Jan wartet bereits am Straßenrand. Am Ende des ____________ biegen sie nach ____________ ab. An der nächsten Kreuzung fahren sie nach ____________ auf die Hauptstraße. Schließlich biegen sie links in den ____________ ein. Angekommen!

Zeichne den Stadtplan weiter. Schreibe dann eine neue Wegbeschreibung in dein Heft. Lass einen Partner den Weg eintragen.

2. Kapitel: Rund ums Fahrrad

Vorbemerkung

Von der Entwicklung und der verkehrssicheren Ausstattung eines Fahrrads über verschiedene Radmodelle und -sportarten bis hin zum Flicken eines Reifens und zu Möglichkeiten des Recyclings bietet dieses Kapitel vielfältige Übungen, praktische Anregungen sowie künstlerische und musische Angebote rund ums Fahrrad.

Lehrplanbezug

Sachunterricht
- Die Geschichte des Fahrrads nachvollziehen
- Die Teile des Fahrrads und deren Funktion kennen
- Ein Fahrrad auf Verkehrssicherheit überprüfen
- Einen Reifen flicken können
- Sich über Möglichkeiten der Abfallverwertung und -entsorgung bewusst werden

Deutsch
- Umfangreiche Texte inhaltlich erschließen und in Abschnitte gliedern
- Einen Steckbrief schreiben
- Mit lyrischen Texten umgehen

Mathematik
- Mit Längen rechnen
- Sachsituationen und ihre Darstellung erschließen

Kunst / Werken
- Eine Druckvorlage herstellen und damit bildnerisch gestalten
- Mit Draht und Knetmasse ein Fahrrad gestalten

Zu den Kopiervorlagen

KV Seite 37

Die Geschichte des Fahrrads (1)
Die Geschichte des Fahrrads kann nicht eindeutig dargelegt werden, da die Jahreszahlen sowie die Erfinder je nach Quelle variieren. Trotzdem eignet sich diese Kopiervorlage gut als Einstieg in das Thema. Sie zeigt die historische Entwicklung des Fahrrads auf. Die Aufgabenstellung schult gleichzeitig den Umgang mit Texten. Das Strukturieren in Sinneinheiten dient als Vorarbeit für die folgende Seite.

Lösung
Aufgabe 2:
1. Im Jahre 1817 (...) mit den Füßen bremsen. – Draisine
2. 1861 stellte der Franzose (...) am Vorderrad angebracht. – Veloziped
3. Um mit einem Pedaltritt (...) es gab oft schlimme Stürze. – Hochrad
4. 1885 wurde das Niederrad (...) und eine Bremse. – Niederrad
5. 1888 ersetzte der Schotte (...) durchgerüttelt wurde. – Rad mit Luftreifen
6. Ab 1900 (...) – Rad mit Gangschaltung

KV Seite 38

Die Geschichte des Fahrrads (2)
Die Zuordnung der einzelnen Fahrradtypen und der Jahreszahlen am Zeitstrahl verdeutlicht den Schülern bildhaft den Entwicklungsverlauf des Fahrrads. Nachdem sie die Kopiervorlage bearbeitet haben, bietet sich eine Diskussion über die Funktionsfähigkeit der einzelnen Räder an, z. B.: Was waren die Nachteile von Draisine und Hochrad? Welche Vorteile brachten insbesondere die Erfindung von Luftreifen und Gangschaltung mit sich?

Beispiellösung
Aufgaben 1/2:

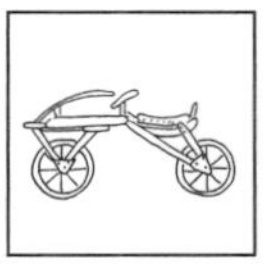

1817: Draisine – Freiherr Karl von Drais, Laufrad, metallbeschlagene Holzräder, keine Pedale, mit den Füßen abstoßen und bremsen

1861: Veloziped – Franzose Pierre Michaux, Pedale am Vorderrad

1870: Hochrad – in England erfunden, großes Vorderrad, winziges Hinterrad, oft schlimme Stürze

1885: Niederrad – Kette überträgt Kraft auf das Hinterrad, zwei gleich große Räder, Bremse

1888: Rad mit Luftreifen – Schotte John Dunlop, ersetzte harte Reifen durch Gummischläuche, gefüllt mit Luft

ab 1900: Rad mit Gangschaltung

KV Seite 39

Räder gibt es viele

Fragen Sie die Schüler nach ihnen bekannten Radtypen, bevor Sie die Kopiervorlage austeilen. Erarbeiten Sie auch die besonderen Merkmale der verschiedenen Räder wie Aussehen, Funktion, Vor- und Nachteile usw.

Vertiefend können die Schüler nach dem Bearbeiten der Aufgaben weitere Räder beschreiben, z. B. Damenrad, Dreirad, Einrad, Fahrradrikscha. Sie kleben dazu Bilder aus Zeitschriften oder dem Internet auf oder malen selbst und ergänzen eine kurze Erklärung. In einer Rätselrunde mit der Klasse können diese dann vorgelesen und kann das beschriebene Rad erraten werden.

Lösung

Klapprad	Liegerad	Mountainbike

Dieses Rad kann man zusammenklappen.	Es hat einen tief liegenden Sitz mit Rückenlehne. Die Tretkurbeln sind vorn angebracht.	Es hat dicke Reifen und ist für unebenes Gelände bestens geeignet.

Rennrad	Tandem	Lastenfahrrad

Es hat sehr schmale Reifen und eignet sich für schnelles Fahren auf festen Straßen.	Auf ihm können zwei Personen fahren. Es hat zwei Sättel und zwei Tretlager.	Postzusteller nutzen es häufig. Man kann damit gut Dinge transportieren.

Weiterführende Anregung

Die Schüler können mit den recherchierten Fotos und Grafiken zu den verschiedenen Radtypen eine Collage anfertigen, die anschließend im Klassenzimmer aufgehängt wird.

KV Seite 40

So viele Teile!

Die Kinder müssen die verschiedenen Teile eines Fahrrads kennen. Mithilfe dieser Kopiervorlage können sie die Zuordnung üben. Das Fahrradschloss fehlt und muss noch eingezeichnet werden. Die Beleuchtung ist für die Sicherheit eines Radfahrers ein besonders wichtiger Punkt. Deshalb sollen die Lichter und Reflektoren farbig hervorgehoben werden.

Es bietet sich an, die Vorlage für die Freiarbeit zu folieren, sodass die Schüler die Zuordnung mit einem Folienstift eintragen und anschließend wieder löschen können.

Lösung

Aufgaben 1/2:

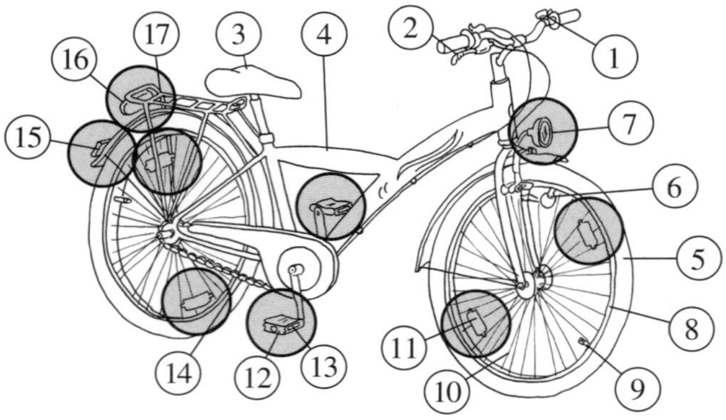

KV Seite 41

Welches Teil wofür?

Hier wird den Schülern die Funktion der einzelnen Fahrradteile nochmals vor Augen geführt. Viele Schüler haben Probleme mit der Unterscheidung von Frontstrahler und Scheinwerfer bzw. von Rückstrahler und Rücklicht. Machen Sie Ihnen den Unterschied zwischen Reflektoren und Leuchtmitteln klar.

Lösung

Die Kette überträgt die Kraft deiner Beine von den Pedalen zum Hinterrad.

Mit dem Rücklicht sehen dich andere im Dunkeln auch von hinten.

Das Schutzblech verhindert, dass du nass gespritzt wirst.

Der Rückstrahler leuchtet rot auf, wenn er angestrahlt wird.

Der Rahmen ist das Gestell, das dein Fahrrad zusammenhält.

Wenn du die Handbremse ziehst, hält dein Fahrrad an.

Der Frontstrahler reflektiert das Scheinwerferlicht entgegenkommender Fahrzeuge.

Mit dem Scheinwerfer erkennst du im Dunkeln den Weg und wirst gesehen.
Der Dynamo erzeugt den Strom für deine Fahrradbeleuchtung.
Vorder- und Hinterrad drehen sich um die Achse.
Die Speichen verbinden die Felge mit der Achse.
Die Felge hält den Reifen in der Fassung fest. An ihr sind die Speichen befestigt.
Vier Speichenreflektoren sorgen dafür, dass du von der Seite gesehen wirst.
Die Reifen müssen aufgepumpt sein und ein gutes Profil haben.
Mit den Pedalreflektoren kann man sehen, dass hier ein Radfahrer fährt.

KV Seite 42

Was dein Fahrrad sicher macht

Was gehört alles zu einem verkehrssicheren Fahrrad? Anhand dieses Kreuzworträtsels überprüfen und festigen die Kinder ihr Wissen. Weisen Sie darauf hin, dass sie zwei unabhängig voneinander wirkende Bremsen benötigen. Die Aufgabe eignet sich als Hausaufgabe nach der Bearbeitung der vorhergehenden Kopiervorlage oder kann zur Vertiefung in der Freiarbeit eingesetzt werden.

Lösung

Aufgabe 1:

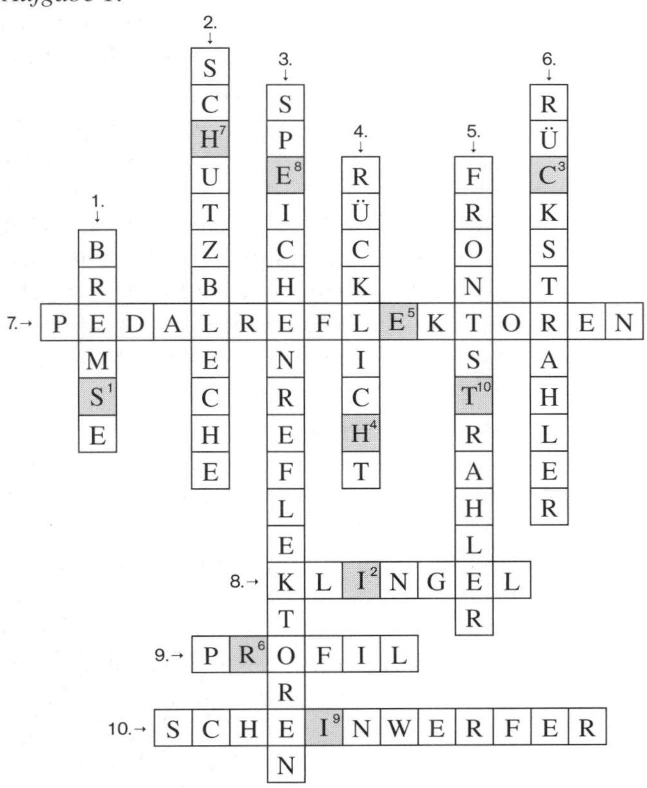

Lösungswort: SICHERHEIT

KV Seite 43

Alles funktionstüchtig?

Überprüfen Sie mit Ihren Schülern exemplarisch ein Fahrrad auf Verkehrssicherheit. Demonstrieren Sie außerdem, was beim Einstellen von Sattel und Lenker zu beachten ist. Die Kinder überprüfen das, was sie gelernt haben, anschließend an ihrem eigenen Fahrrad. Das kann entweder gemeinsam in der Schule erfolgen oder als Hausaufgabe aufgegeben werden. Es sollte ein Erwachsener dabei sein, damit die Kinder eine Kontrollhilfe haben und Einstellungen sofort vornehmen oder Mängel beheben lassen können.

KV Seite 44

Einen Reifen flicken

Die Kinder sollen im Umgang mit dem Rad zunehmend selbstständig werden. Dazu gehört auch, dass sie im Falle eines Platten wissen, was zu tun ist. Am besten sollten die Kinder deshalb probehalber einen Reifen flicken. Bereiten Sie dafür mindestens einen kaputten Schlauch vor und legen Sie die notwendigen Materialien bereit. In Kleingruppen setzen die Schüler die Anleitung dann Schritt für Schritt um.

Lösung

Lösungswort: REIFENPANNE

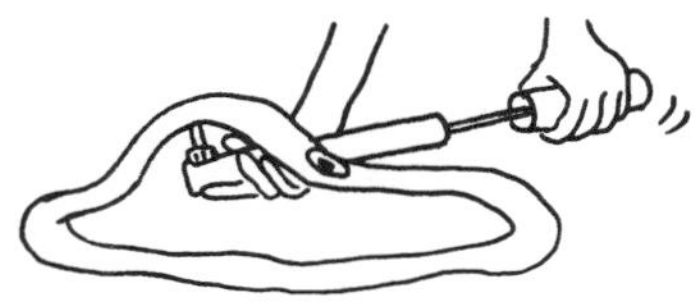

KV Seite 45

Aus Alt mach Neu

Was geschieht mit alten, kaputten Dingen? Was bedeutet Recycling und wozu ist es gut? In Zeiten immer knapper werdender Rohstoffe ist es wichtig, sich darüber Gedanken zu machen. Führen Sie die Kinder darauf hin, dass kaputte Dinge oftmals noch repariert oder umfunktioniert werden können. Und auch wenn das nicht mehr möglich oder sinnvoll ist, können viele Materialien der Wiederverwertung zugeführt werden. Verweisen Sie im Gespräch auch auf andere Rohstoffe, die recycelt werden können. Die Mülltrennung im Klassenzimmer sollte selbstverständlich sein.

Lösung

Aufgabe 1:

Die Nachfrage nach Metallen wird immer größer, aber die Rohstoffe werden immer knapper. Deshalb ist es notwendig, gebrauchte Metalle zu recyceln.
Das Wort Recycling ist englisch und bedeutet „wieder in den Kreislauf einführen". Es werden also Dinge aus Me-

tall, die nutzlos geworden sind, gesammelt, sortiert und aufbereitet. Daraus können neue Produkte hergestellt werden.
Eine Firma, die sich um die Wiederverwertung von Metallen kümmert, nennen wir meistens einfach Schrottplatz. Offiziell heißt sie jedoch Recyclingbetrieb oder Wertstoffhof. Hier kannst du zum Beispiel alte Fahrräder, rostige Bettgestelle oder kaputte Waschmaschinen abgeben.

Aufgabe 2:
☐ Wir entsorgen es heimlich im Wald.
☒ Wir versuchen, es zu reparieren.
☒ Wir geben es einer Stelle, die das Metall verwerten kann.
☒ Wir bringen es dem Fahrradhändler und lassen es reparieren.
☐ Wir stellen es zum Restmüll.
☒ Wir verschenken es an einen Bastler.
☐ Wir werfen es in einen Fluss.

KV Seite 46

Fahrrad vermisst!
Diese Kopiervorlage befasst sich mit dem genauen Lesen und dem Verfassen einer Gegenstandsbeschreibung. Indem die Schüler die einzelnen Fahrradteile richtig anmalen, prägen sie sich diese gleichzeitig ein. Fehlende Teile werden ergänzt. Der Steckbrief motiviert und schärft den Blick für das eigene Rad. Sind alle Teile dran? Kenne ich mein Fahrrad?

KV Seite 47

Rechnen mit dem Rad
Lassen Sie die Schüler schätzen, welchen Weg ein Fahrrad mit einer Reifenumdrehung zurücklegt. Anschließend können sie das Arbeitsblatt, allein oder zu zweit, bearbeiten und ihre Schätzungen überprüfen.

Als Hausaufgabe messen die Kinder den Reifenumfang ihres eigenen Rades sowie den der Räder von anderen Familienmitgliedern. Welche Unterschiede gibt es? Die Ergebnisse der Klasse können zusammengetragen und in einer Tabelle notiert werden. Wer findet weitere Aufgaben? Sie werden von der Klasse gelöst.

KV Seite 48

Radsportarten
Radrennen oder BMX-Sport sind den Kindern sicher bekannt. Manche Radsportarten hingegen sind weniger populär. Zeigen Sie vorab Bilder zu den verschiedenen Sportarten und lassen Sie die Klasse darüber berichten. Anschließend bearbeiten die Schüler das Arbeitsblatt. In Partnerarbeit kann vertiefend nach weiteren Radsportarten recherchiert werden. Diese werden der Klasse im Anschluss präsentiert.

Lösung

Kunstradfahren: Bei dieser Sportart werden Kunststücke auf einem Spezialrad gezeigt. Die Sportler stehen zum Beispiel auf dem Sattel oder fahren auf dem Hinterrad.

BMX-Sport: Bei dieser Sportart fahren die Sportler auf Strecken mit Hindernissen und zeigen schwierige Tricks.

Radball: Zwei Mannschaften spielen gegeneinander auf Tore. Der Ball darf nur mit dem Vorder- oder Hinterrad gespielt werden.

Mountainbiking: Hier führen die Strecken durch unebenes Gelände. Es geht steile Berge hinauf und hinunter.

Radrennen: Hier wird meist in Teams gefahren. Einige fahren vorn und machen Tempo, die anderen bleiben im Windschatten und sparen Kraft. Dann wird getauscht.

KV Seite 49

Dein eigener Drahtesel
Die Schüler erstellen selbst auf einfache Art und Weise ein Fahrrad, indem sie es sich aus Draht zurechtbiegen. Hierzu benötigen sie neben Basteldraht gegebenenfalls etwas Knete. Der Draht sollte leicht zu formen sein. Diese Aufgabe ist sehr motivierend, da die Kinder selbst entscheiden können, wie ihr Fahrrad am Ende aussehen soll. Fingerfertige Bastler werden versuchen, detailliert zu arbeiten. Eine Gruppenarbeit entsteht, wenn die Schüler die Fahrräder etwas größer anlegen und aus mehreren ein Mobile herstellen. Legen Sie dann zusätzlich Faden und Holzstäbe bereit. Frei vor dem Fenster aufgehängt, können die Räder sich im Luftzug bewegen.

KV Seite 50

Fahrrad-Druckerei
Motivieren Sie die Kinder, ihre Druckvorlage ganz nach ihrer Fantasie zu gestalten. Die Räder müssen bei dieser Arbeit ausnahmsweise nicht verkehrssicher sein. Damit die Drucke möglichst exakt werden und nicht verrutschen, können die Kinder zu zweit zusammenarbeiten. Werden die fertigen Bilder hintereinander im Klassenzimmer aufgehängt, entsteht eine bunte Fahrradschlange mit vielen verschiedenen Rädern.

KV Seite 51

Radeln gehn!

Die Schüler sollen den Inhalt des Gedichts erfassen sowie Einblicke in die Struktur von Gedichten erlangen, indem sie jeweils die Reimwörter erkennen und die falschen Begriffe durchstreichen. Nachdem die Aussagen von Mutter und Kind verschiedenfarbig unterstrichen wurden, können die Kinder das Gedicht mit verteilten Rollen (Mutter, Kind, Erzähler) einüben und der Klasse vortragen. Gehen Sie auch auf die Aussage des Gedichts ein.

Lösung

Aufgaben 1/2:

fett = Kind, *kursiv = Mutter*

Du Mama, ich möcht radeln gehn!
Kind, lass das Rad heut lieber stehn / ~~weg~~.
Du hast die Prüfung doch noch nicht.
Und das fällt sicher ins ~~Wasser~~ / Gewicht,
wenn jemand dich mal kontrolliert.
Ach Mama, ich hab's schon probiert / ~~versucht~~.
Ich kenne doch die Regeln all
und weiß, was ich auf jeden ~~Tag~~ / Fall
beachten muss und halt mich dran.
Versprech dir, dass ich alles ~~weiß~~ / kann.
Ich möcht nicht, Kind, dass du schon fährst,
mach deine Prüfung doch zuerst / ~~danach~~.
Das Kind hört nicht auf Mutters Wort,
es holt sein Rad und radelt fort / ~~los~~.
Hui, dreht das Rad sich wie der Wind,
das Kind, es radelt so ~~schnell~~ / geschwind.
Es lacht und achtet gar nicht mehr
ringsherum auf den ~~Bus~~ / Verkehr.
Und – bautz – es hat nicht aufgepasst,
ein Auto hat es fast erfasst / ~~überfahren~~.
Es fällt vom Rad – ojemine!
Wie tut der Arm so schrecklich ~~knacken~~ / weh.
Drum denk dran, was die Mutter sagt,
eh auf die Straße man sich ~~begibt~~ / wagt:
Mach lieber deine Prüfung erst,
bevor du auf der Straße fährst / ~~schiebst~~!

Weiterführende Anregungen

- Geben Sie den Anfang einer Geschichte vor, zu dem die Schüler Hauptteil und Schluss ergänzen, z. B.:
  Das geheimnisvolle Rad
  Linus und Lea treffen sich jeden Sonntagnachmittag am Skatepark Waldsprung. Linus ist gerade auf dem Weg zum Treffpunkt und radelt fröhlich den kleinen Waldweg entlang. Plötzlich bremst er scharf. Was liegt denn da im Gebüsch? Linus ist neugierig. Er steigt ab und sieht nach. Noch nie zuvor hat er so ein komisches Gefährt gesehen. Es hat ein riesengroßes Vorderrad! Kann man damit etwa fahren? Neugierig blickt er sich um, aber er kann niemanden entdecken. Plötzlich hört er ein Geräusch …
- Geben Sie einen Schluss vor, zu dem die Kinder eine Überschrift, eine Einleitung und den Hauptteil schreiben, z. B.:
  Plötzlich entdeckten wir mein Mountainbike vor der kleinen Bäckerei, in der Nähe unserer Wohnung. Zuerst war ich ganz überrascht, doch dann fiel es mir wie Schuppen von den Augen und ich musste laut lachen. „So etwas passiert nur dir!“, rief Maja grinsend. Erschöpft, aber in bester Stimmung, radelten wir nach Hause.

Name:

Die Geschichte des Fahrrads (1)

Lies den Text und unterstreiche die wichtigsten Informationen.

Im Jahre 1817 erfand der Forstbeamte Freiherr Karl von Drais das erste Laufrad, das man auch lenken konnte. Die Räder dieser sogenannten Draisine bestanden aus Holz und waren metallbeschlagen. Es gab noch keine Pedale. Zum Fahren musste man sich mit den Füßen am Boden abstoßen und auch mit den Füßen bremsen. | 1861 stellte der Franzose Pierre Michaux das erste Rad mit Pedalen vor. Es wurde Veloziped genannt und die Pedale waren am Vorderrad angebracht. Um mit einem Pedaltritt einen möglichst weiten Weg zurücklegen zu können, wurde 1870 in England das Hochrad erfunden. Es hatte ein sehr großes Vorderrad und ein winziges Hinterrad. Es war ein ziemliches Kunststück, mit diesem Rad zu fahren, und es gab oft schlimme Stürze. 1885 wurde das Niederrad entwickelt. Durch eine Kette wurde dabei die Kraft auf das Hinterrad übertragen. Dieses Fahrrad hatte wieder zwei gleich große Räder und eine Bremse. 1888 ersetzte der Schotte John Dunlop die harten Fahrradreifen durch aufblasbare Gummischläuche, die mit Luft gefüllt waren, und erfand so den Luftreifen. Auf diese Idee kam er, weil ihm sein kleiner Sohn leidtat, der mit seinem Dreirad auf den holprigen Straßen durchgerüttelt wurde. Ab 1900 wurden dann die ersten Fahrräder mit Gangschaltung gebaut.

Gliedere den Text durch Längsstriche in sinnvolle Abschnitte. Finde zu jedem Abschnitt den passenden Fahrradnamen und schreibe ihn in das Kästchen.

Name:

Die Geschichte des Fahrrads (2)

Ordne die gefundenen Fahrradnamen dem Zeitstrahl zu. Ergänze weitere Informationen.

Verbinde die Abbildungen der Reihe nach mit den entsprechenden Jahreszahlen.

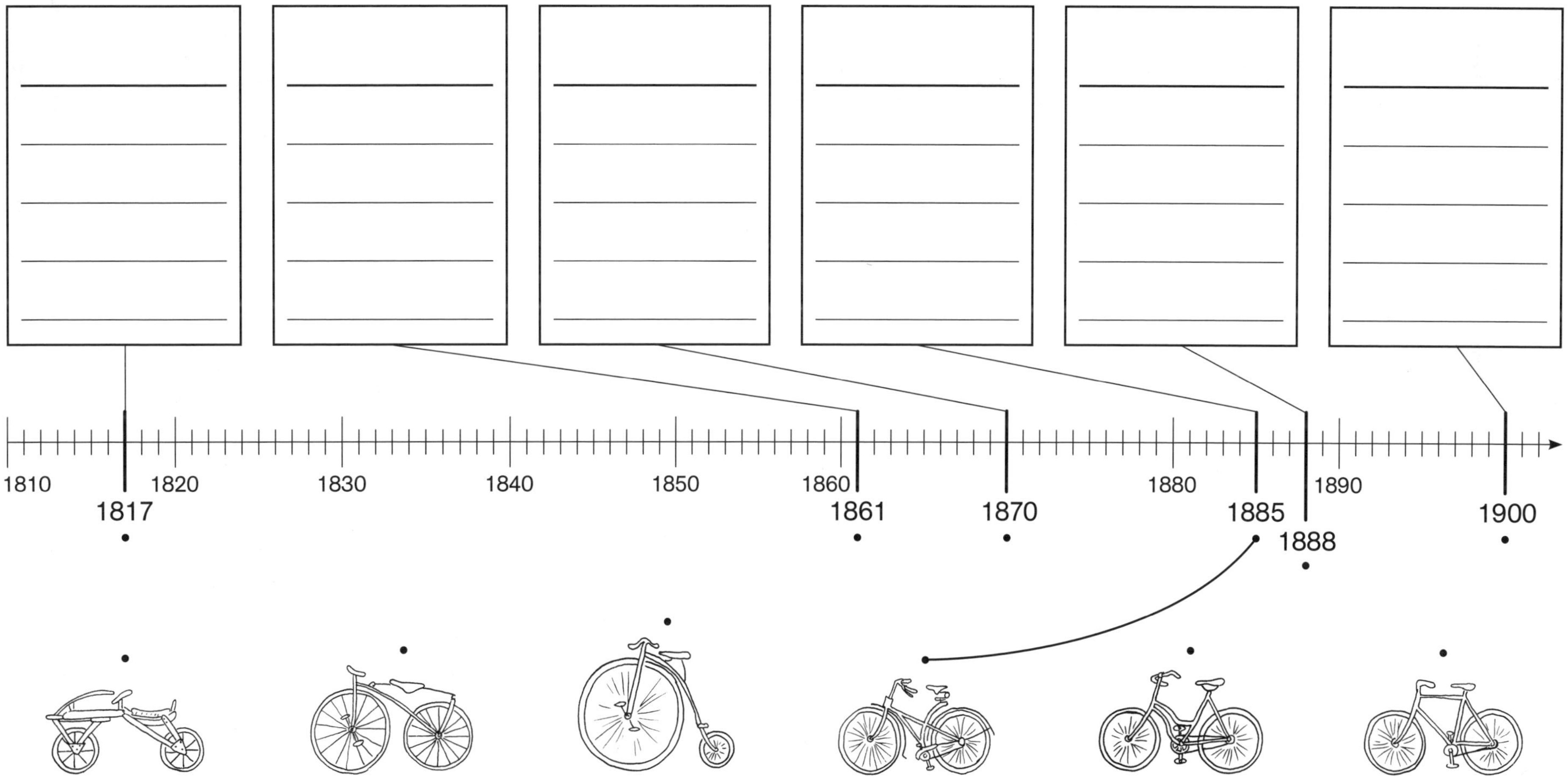

Name:

Räder gibt es viele

Sieh dir die folgenden Bilder an und beschrifte sie passend.

Mountainbike Liegerad Lastenfahrrad Klapprad Tandem Rennrad

Schneide die Rätseltexte aus und klebe sie passend zu den Bildern.

✂

Es hat dicke Reifen und ist für unebenes Gelände bestens geeignet.	Dieses Rad kann man zusammenklappen.	Postzusteller nutzen es häufig. Man kann damit gut Dinge transportieren.
Auf ihm können zwei Personen fahren. Es hat zwei Sättel und zwei Tretlager.	Es hat sehr schmale Reifen und eignet sich für schnelles Fahren auf festen Straßen.	Es hat einen tief liegenden Sitz mit Rückenlehne. Die Tretkurbeln sind vorn angebracht.

Name:

So viele Teile!

Trage die passenden Zahlen in die Kreise ein. Achtung: Ein Teil ist nicht abgebildet! Ergänze es.

(1) Klingel	(7) Scheinwerfer mit Frontstrahler	(13) Pedalreflektor
(2) Handbremse	(8) Felge	(14) Kette
(3) Sattel	(9) Ventil	(15) Rücklicht mit Rückstrahler
(4) Rahmen	(10) Speichen	(16) roter Rückstrahler
(5) Reifen	(11) Speichenreflektor	(17) Gepäckträger
(6) Dynamo	(12) Pedal	(18) Fahrradschloss

Rückstrahler = Reflektor

Male alle Fahrradteile gelb an, die dafür sorgen, dass Autofahrer dich bei Dunkelheit gut sehen.

Name:

Welches Teil wofür?

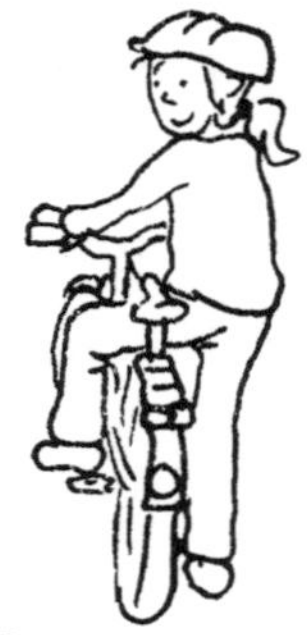

Fülle die Lücken.

Speichenreflektoren | Dynamo | Reifen | Scheinwerfer

Handbremse | Kette | Rücklicht | Achse | Rahmen | Speichen

Pedalreflektoren | Schutzblech | Frontstrahler | Felge | Rückstrahler

Die ______________ überträgt die Kraft deiner Beine von den Pedalen zum Hinterrad.

Mit dem ______________ sehen dich andere im Dunkeln auch von hinten.

Das ______________ verhindert, dass du nass gespritzt wirst.

Der ______________ leuchtet rot auf, wenn er angestrahlt wird.

Der ______________ ist das Gestell, das dein Fahrrad zusammenhält.

Wenn du die ______________ ziehst, hält dein Fahrrad an.

Der ______________ reflektiert das Scheinwerferlicht entgegenkommender Fahrzeuge.

Mit dem ______________ erkennst du im Dunkeln den Weg und wirst gesehen.

Der ______________ erzeugt den Strom für deine Fahrradbeleuchtung.

Vorder- und Hinterrad drehen sich um die ______________ .

Die ______________ verbinden die Felge mit der Achse.

Die ______________ hält den Reifen in der Fassung fest. An ihr sind die Speichen befestigt.

Vier ______________ sorgen dafür, dass du von der Seite gesehen wirst.

Die ______________ müssen aufgepumpt sein und ein gutes Profil haben.

Mit den ______________ kann man sehen, dass hier ein Radfahrer fährt.

Name:

Was dein Fahrrad sicher macht

Welche Teile gehören zu einem sicheren Fahrrad? Löse das Kreuzworträtsel.

1. Damit hältst du dein Fahrrad an.
2. Sie schützen dich vor Schmutz und Nässe.
3. Du brauchst zwei davon an jedem Rad. So sehen dich die Autofahrer auch von der Seite gut.
4. Es leuchtet bei Dunkelheit, damit man dich von hinten gut sehen kann.
5. Er ist weiß und reflektiert das Licht.
6. Er ist rot und reflektiert das Licht.
7. Du brauchst zwei davon an jedem Pedal. Durch deine Bewegung sieht man: Hier kommt ein Radfahrer!
8. Mit einer lauten … kannst du auf dich aufmerksam machen.
9. Damit du gut fahren kannst, müssen deine Reifen aufgepumpt sein und ein gutes … haben.
10. Mit ihm kannst du bei Dunkelheit sehen, wohin du fährst.

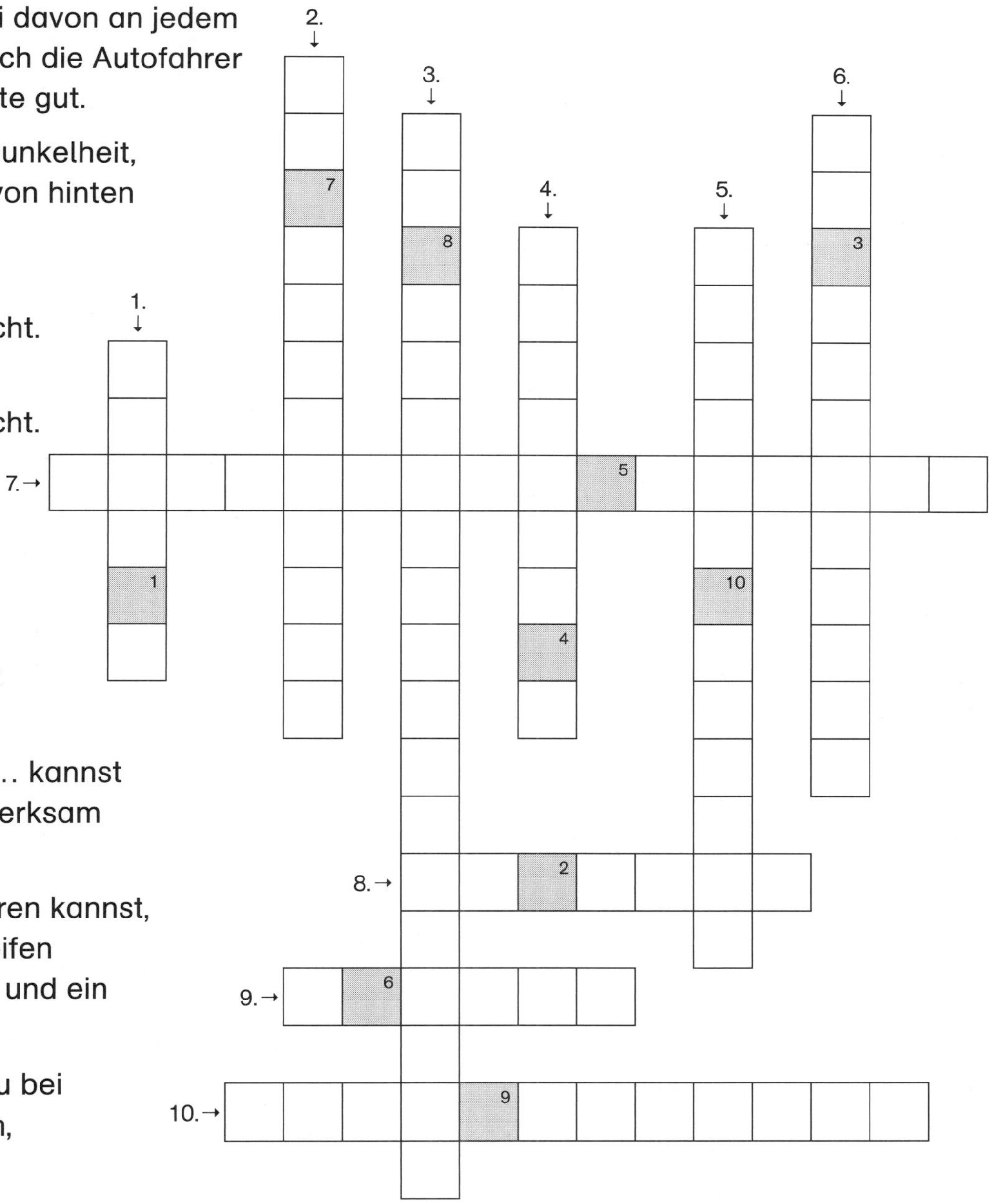

Das Lösungswort lautet:

1	2	3	4	5	6	7	8	9	10

Name:

Alles funktionstüchtig?

Sieh dir dein Fahrrad und deine Ausrüstung genau an. Kreuze an, was in Ordnung ist. Alles andere musst du reparieren, ersetzen oder richtig einstellen. Falls du das nicht allein schaffst, hilft dir ein Erwachsener dabei.

Bremsen		
Sitzt der Bremshebel fest am Lenker?	☐ ja	☐ nein
Kannst du den Bremshebel gut erreichen?	☐ ja	☐ nein
Ist die Bremse leicht zu ziehen?	☐ ja	☐ nein
Reagieren die Bremsen sofort?	☐ ja	☐ nein

Reifen		
Haben die Reifen ein gutes Profil?	☐ ja	☐ nein
Ist genug Luft in den Reifen?	☐ ja	☐ nein
Sind die Ventilschrauben fest angedreht?	☐ ja	☐ nein
Laufen die Räder leicht und gleichmäßig?	☐ ja	☐ nein

Beleuchtung		
Sind alle Lichter und Reflektoren vorhanden?	☐ ja	☐ nein
Funktionieren Scheinwerfer und Rücklicht?	☐ ja	☐ nein
Sind alle Lichter und Reflektoren sauber?	☐ ja	☐ nein

Sonstiges		
Kannst du mit beiden Füßen den Boden berühren, wenn du auf dem Sattel sitzt?	☐ ja	☐ nein
Sitzt du bequem und aufrecht, wenn du den Lenker berührst?	☐ ja	☐ nein
Funktioniert die Klingel?	☐ ja	☐ nein
Ist die Kette geölt und richtig gespannt?	☐ ja	☐ nein
Ist die Gangschaltung in Ordnung?	☐ ja	☐ nein
Funktioniert deine Fahrradpumpe?	☐ ja	☐ nein
Kannst du dein Fahrrad mit einem Schloss sichern?	☐ ja	☐ nein
Passt dein Helm und ist er unbeschädigt?	☐ ja	☐ nein

Name:

Einen Reifen flicken

Wenn du ein Loch im Reifen hast, kannst du ihn flicken. Lege dir zuerst alle Materialien bereit. Nimm dann das Rad und den Schlauch ab. Lass dir dabei helfen.

Klebe die Bilder passend zur Reparaturanleitung. Trage anschließend das Lösungswort unten ein.

1. Pumpe den Schlauch mit einer Luftpumpe prall auf und drücke ihn in eine Schüssel mit Wasser. Siehst du an einer Stelle Luftblasen aufsteigen, hast du das Loch gefunden.	
2. Nimm den Schlauch aus dem Wasser und trockne die Stelle um das Loch herum. Raue sie anschließend mit Sandpapier ein wenig auf.	
3. Trage nun rund um das Loch eine dünne Schicht Gummilösung auf und lass sie antrocknen. Ziehe nach drei Minuten die Schutzfolie vom Flicken ab und klebe ihn auf das Loch. Drücke ihn kräftig an.	
4. Nach weiteren zehn Minuten kannst du den Schlauch schließlich wieder aufpumpen und testen, ob er dicht ist.	

Zum Schluss musst du den Schlauch und das Rad nur noch einbauen. Jetzt bist du wieder startklar!

Lösungswort: ______________________

✂

PAN	REI	NE	FEN
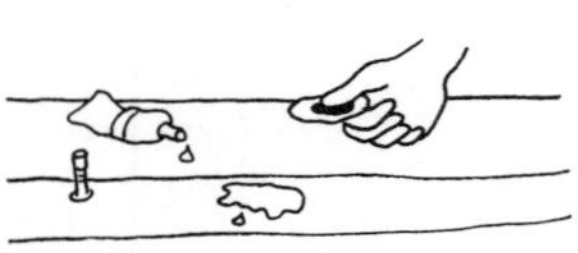	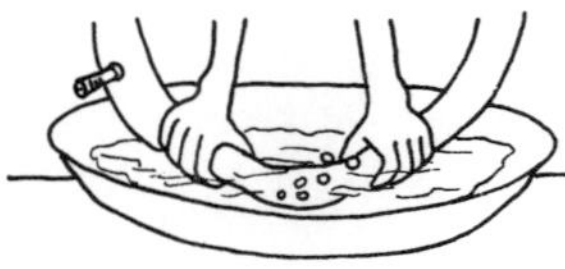	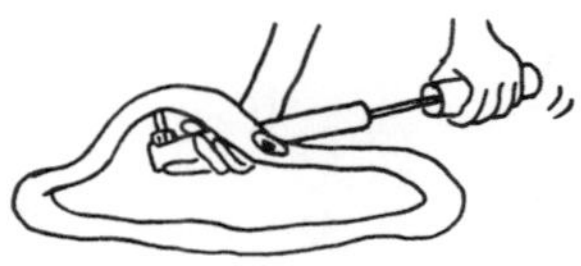	

Name:

Aus Alt mach Neu

Was bedeutet eigentlich „Recycling"?
Lies den Text und ergänze die fehlenden Wörter.

Wertstoffhof | Nachfrage | sortiert | Waschmaschinen | neue | knapper | Kreislauf | recyceln | Metallen

Die ______________ nach Metallen wird immer größer, aber die Rohstoffe werden immer ______________ . Deshalb ist es notwendig, gebrauchte Metalle zu ______________ .

Das Wort Recycling ist englisch und bedeutet „wieder in den ______________ einführen". Es werden also Dinge aus Metall, die nutzlos geworden sind, gesammelt, ______________ und aufbereitet. Daraus können ______________ Produkte hergestellt werden.

Eine Firma, die sich um die Wiederverwertung von ______________ kümmert, nennen wir meistens einfach Schrottplatz. Offiziell heißt sie jedoch Recyclingbetrieb oder ______________ . Hier kannst du zum Beispiel alte Fahrräder, rostige Bettgestelle oder kaputte ______________ abgeben.

Dein Fahrrad ist kaputt. Was nun? Kreuze die richtigen Antworten an.

- ☐ Wir entsorgen es heimlich im Wald.
- ☐ Wir versuchen, es zu reparieren.
- ☐ Wir geben es einer Stelle, die das Metall verwerten kann.
- ☐ Wir bringen es dem Fahrradhändler und lassen es reparieren.
- ☐ Wir stellen es zum Restmüll.
- ☐ Wir verschenken es an einen Bastler.
- ☐ Wir werfen es in einen Fluss.

Name:

Fahrrad vermisst!

**Boris vermisst sein Fahrrad. Er hat einen Steckbrief geschrieben.
Male das Fahrrad in den richtigen Farben an und ergänze die fehlenden Teile.**

Fahrrad vermisst!

Ich vermisse seit Dienstag mein Mountainbike. So sieht es aus:
Die Farbe des Rahmens ist gelb. Der Sattel ist hellbraun und die Reifen sind schwarz. Auf dem Rahmen steht das Wort Konata in schwarzer Schrift.
Das Fahrrad hat einen Gepäckträger. Die runde Klingel am Lenker ist blau.
Unter dem Sattel hängt ein schwarzes Werkzeugtäschchen. Außerdem hat es einen schwarzen Ständer. Das Fahrrad war mit einem roten Fahrradschloss am Fahrradständer vor der Schule angeschlossen.
Wenn du es gesehen hast, melde dich bitte in der Klasse 4b.
Vielen Dank!
Boris

Schreibe einen Steckbrief für dein eigenes Fahrrad auf ein Blatt.

Name:

Rechnen mit dem Rad

Du brauchst:

- ein Fahrrad
- ein Maßband oder eine Schnur und einen Zollstock

So geht's:

Lege das Maßband einmal um die Außenseite deines Fahrradreifens und lies die Länge ab. Wenn du kein Maßband hast, kannst du auch eine Schnur nehmen. Dieses Stück Schnur musst du danach noch mit einem anderen Messgerät, z. B. mit einem Zollstock, abmessen.

Ergebnis: Der Umfang meines Fahrradreifens

beträgt ____________ cm.

Dieses Ergebnis sagt dir, welchen Weg dein Fahrrad nach einer Reifenumdrehung zurückgelegt hat.

Löse nun die folgenden Rechenaufgaben.

1. Wie weit bist du gefahren, wenn sich dein Rad fünfmal gedreht hat? Schreibe das Ergebnis in Metern und Zentimetern auf und schreibe auch einen Antwortsatz.

Rechnung:

Antwort: ____

2. Wie oft muss sich dein Rad mindestens drehen, um sieben Meter zurückzulegen?

Rechnung:

Antwort: ____

3. Wie oft muss sich dein Rad drehen, wenn du 100 Meter zurücklegen willst?

Rechnung:

Antwort: ____

Name:

Radsportarten

Welcher Text und welches Bild passen zu welcher Sportart? Male jeweils mit der gleichen Farbe an.

Hier führen die Strecken durch unebenes Gelände. Es geht steile Berge hinauf und hinunter.

Hier wird meist in Teams gefahren. Einige fahren vorn und machen Tempo, die anderen bleiben im Windschatten und sparen Kraft. Dann wird getauscht.

BMX-Sport

Radball

Bei dieser Sportart fahren die Sportler auf Strecken mit Hindernissen und zeigen schwierige Tricks.

Radrennen

Mountainbiking

Kunstradfahren

Zwei Mannschaften spielen gegeneinander auf Tore. Der Ball darf nur mit dem Vorder- oder Hinterrad gespielt werden.

Bei dieser Sportart werden Kunststücke auf einem Spezialrad gezeigt. Die Sportler stehen zum Beispiel auf dem Sattel oder fahren auf dem Hinterrad.

Dein eigener Drahtesel

Du brauchst:

- dünnen, biegsamen Draht
- ein Maßband
- eine Zange

So geht's:

1. Trenne etwa 60 cm Draht mit der Zange ab.

2. Forme ein Ende des Drahtes so, dass ein Lenker entsteht.

3. Biege den Draht in Form einer Brille weiter.

4. Biege zum Schluss noch einen kleinen Sattel zurecht.

> Tipp 1:
> Du kannst den Sattel und den Lenker auch mit Knetmasse ausformen.

5. Knipse Draht, der noch übersteht, mit der Zange ab.

Fertig ist dein Drahtesel!

> Tipp 2:
> Biege mehrere, unterschiedlich große Fahrräder.
> Dann kannst du sie zu einem Mobile zusammenstellen und aufhängen.

Fahrrad-Druckerei

Du brauchst:

- Bleistift
- Pappe (A4)
- flüssigen Klebstoff oder Bastelleim
- eine dicke Kordel oder Schnur
- Schere
- Glasplatte
- Druckfarbe
- zwei Farbwalzen
- Zeichenpapier (A4)
- Zeitungspapier
- Buntstifte
- farbiges Tonpapier

So geht's:

1. Zeichne ein Fahrrad auf die Pappe. Es bleibt dir überlassen, wie du das Fahrrad gestaltest. Es kann ein altes Hochrad, ein Tandem oder ein lustiges Fantasierad sein. Deine Zeichnung darf allerdings nicht zu kleinteilig sein.

2. Ziehe anschließend die Linien mit Klebstoff nach und klebe die Schnur sorgfältig auf. Achte darauf, dass sie sich nirgends überschneidet.
Lass den Kleber gut trocknen.

3. Gib etwas Druckfarbe auf die Glasplatte und übertrage die Farbe mit einer Walze auf deine Fahrradschablone.

4. Lege nun ein Blatt weißes Zeichenpapier gerade und vorsichtig auf deine Vorlage und bedecke es mit etwas Zeitungspapier.

5. Streiche anschließend mit einer sauberen Walze oder deiner flachen Hand langsam und mit gleichmäßigem Druck über das Papier, sodass die Farbe einen gleichmäßigen Abdruck hinterlässt.

6. Nimm dann das Zeichenpapier mit deinem Fahrraddruck ab und lass es trocknen.

7. Zum Schluss kannst du die Linienzwischenräume mit Farbstiften ausmalen und einen Hintergrund ergänzen.

Klebe den fertigen Druck auf farbiges Tonpapier und hänge dein Bild auf!

Name:

Radeln gehn!

**In das Gedicht haben sich zu viele Wörter eingeschlichen.
Streiche durch, was nicht passt – so macht das Gedicht erst Spaß!**

Du, Mama, ich möcht radeln gehn!
Kind, lass das Rad heut lieber stehn / weg.
Du hast die Prüfung doch noch nicht.
Und das fällt sicher ins Wasser / Gewicht,
wenn jemand dich mal kontrolliert.
Ach, Mama, ich hab's schon probiert / versucht.
Ich kenne doch die Regeln all
und weiß, was ich auf jeden Tag / Fall
beachten muss und halt mich dran.
Versprech dir, dass ich alles weiß / kann.
Ich möcht nicht, Kind, dass du schon fährst,
mach deine Prüfung doch zuerst / danach.
Das Kind hört nicht auf Mutters Wort,
es holt sein Rad und radelt fort / los.
Hui, dreht das Rad sich wie der Wind,
das Kind, es radelt so schnell / geschwind.
Es lacht und achtet gar nicht mehr
ringsherum auf den Bus / Verkehr.
Und – bautz – es hat nicht aufgepasst,
ein Auto hat es fast erfasst / überfahren.
Es fällt vom Rad – ojemine!
Wie tut der Arm so schrecklich knacken / weh.
Drum denk dran, was die Mutter sagt,
eh auf die Straße man sich begibt / wagt:
Mach lieber deine Prüfung erst,
bevor du auf der Straße fährst / schiebst!

Elisabeth Hauter

Unterstreiche mit einem blauen Stift, was die Mutter sagt, und mit einem grünen Stift, was das Kind sagt. Verwende ein Lineal.

3. Kapitel: Sicherheit für Radfahrer

Vorbemerkung

Kinder sind in ihrer Aufmerksamkeit und Wahrnehmungsfähigkeit sowie im Abschätzen von Entfernungen und Geschwindigkeiten noch sehr eingeschränkt. Deshalb müssen alle Qualifikationen geschult werden, die sie für das sichere Verhalten im Straßenverkehr benötigen. Dieses Kapitel hilft, den theoretischen Hintergrund zu vermitteln und die Einsicht für das richtige Verhalten zu vertiefen. Durch praktische Übungen wird das Gelernte gefestigt.

Lehrplanbezug

Sachunterricht

- Den Zweck eines Fahrradhelms erfahren
- Die Kleidung in Bezug auf Sicherheit auswählen
- Gefahrensituationen richtig einschätzen
- Einfache Erste-Hilfe-Maßnahmen kennen

Deutsch

- Für eine konkrete Sache werben
- Einen Bericht verfassen

Mathematik

- Mit Geldbeträgen rechnen
- Sachsituationen und ihre Darstellung erschließen

Kunst

- Farbwahrnehmung schulen und Kontraste erfassen und bewerten

Zu den Kopiervorlagen

KV Seite 56

Profis tragen Helme!

Viele Kinder müssen immer wieder aufgefordert werden, ihren Helm beim Radfahren aufzusetzen. Manchen ist es einfach lästig oder sie finden es uncool. Um ihnen deutlich zu machen, wie wichtig ein Helm ist, können Sie einführend Bilder verschiedener „Helmträger“ zeigen, beispielsweise Motorradfahrer, Bauarbeiter, Baseball-, Football- oder Eishockeyspieler, Reiter oder Feuerwehrleute, aber auch Legionäre aus der Römerzeit oder Fantasiefiguren wie Asterix. Sie alle tragen Helme, um ihren Kopf zu schützen. Oft wird auch ein Eierversuch mit einem Minihelm, erhältlich im Handel, zu Demonstrationszwecken herangezogen. Dabei wird ein rohes Ei in den Helm gesteckt und dieses dann aus Tischhöhe auf den Boden fallen gelassen. Das Ei bleibt unbeschädigt, wogegen ein Ei ohne Schutz sofort zerbrechen würde.

Testen Sie mit der Klasse das richtige Tragen und besprechen Sie die einzelnen Punkte, bevor die Schüler das Arbeitsblatt lösen.

Lösung

Aufgabe 1:

Profis, wie zum Beispiel Feuerwehrleute, Bauarbeiter oder Radrennfahrer, tragen Schutzhelme. Sie wissen, dass es bei Unfällen zu schweren Kopfverletzungen kommen kann. Ein Sturz bei einer schnellen Fahrt bergab ist vergleichbar mit einem Sprung vom Fünf-Meter-Turm in ein Becken ohne Wasser. Ein Helm kann schlimme Verletzungen verhindern. Dazu muss er bestimmte Bedingungen erfüllen.

Aufgabe 2:

☒ Dein Helm muss Stirn und Hinterkopf schützen.
☒ Deine Ohren müssen frei bleiben.
☐ Lustige Aufkleber sind wichtig.
☒ Der Helm darf nicht die Sicht behindern.
☐ Deine Ohren müssen ganz bedeckt sein.
☒ Dein Helm muss gut sitzen und darf nicht verrutschen.
☒ Er muss leicht und bequem sein.
☒ Eine auffällige Farbe und reflektierende Aufkleber sorgen für mehr Sicherheit.
☒ Der Helm sollte ein Prüfzeichen haben.

Aufgabe 3:

Das erste Kind trägt seinen Helm richtig.

Weiterführende Anregungen

- Führen Sie eine Diskussionsrunde über den Sinn und Unsinn von Fahrradhelmen durch. Teilen Sie dafür die Klasse in Kleingruppen ein. Jedes Kind wählt eine Rolle aus, z. B. Radfahrer, Arzt, Polizist, Mutter oder Vater. Die Schüler versuchen, sich in die jeweilige Rolle hineinzuversetzen und vertreten ihre Position. Legen Sie vorab die Gesprächsbedingungen fest, z. B. Redezeit oder abwechselnd Pro- und Kontra-Argumentation.
- Besprechen Sie mit den Schülern Redensarten, bei denen es um den Kopf geht, z. B.: einen kühlen Kopf bewahren, Kopf und Kragen riskieren, mit dem Kopf durch die Wand wollen, nicht auf den Kopf gefallen sein. Stellen Sie dabei jeweils einen Bezug zum Fahrradhelm her. Die Kinder formulieren passende Sätze.
- Lassen Sie in Gruppen Werbesprüche für Helme erfinden. Jede Gruppe gestaltet zu einem Spruch ein Plakat.

Sei kein Schelm – fahr nur mit Helm!

Bleib wohlauf – mit Helm obendrauf!

KV Seite 57

Mach dich sichtbar!

Die Kinder beschäftigen sich damit, wie wichtig es ist, im Straßenverkehr gesehen zu werden. Dunkelheit, aber auch schlechte Witterungsverhältnisse wie Regen oder Nebel, erschweren es vor allem den Autofahrern, Radfahrer oder Fußgänger wahrzunehmen. Stellen Sie in einer Übung im Klassenzimmer heraus, welche Farben gut gesehen werden können und welche nicht. Wählen Sie dafür zwei Kinder aus, die sich mit dem Gesicht zur Tafel stellen. Eines ist dunkel gekleidet (braun, schwarz, dunkelblau, grün), eines ist hell gekleidet (gelb, weiß, rosa, hellblau usw.). Verdunkeln Sie das Zimmer. Die anderen Kinder leuchten nun mit der Taschenlampe die Tafel entlang. Welches Kind können sie besser/schneller sehen? Was passiert, wenn ein Kind Reflektoren oder Leuchtstreifen trägt?

Beispiellösung

Aufgabe 2:

Die Kinder mit der hellen Kleidung sind viel leichter und schneller zu erkennen.

Aufgabe 3:

die Kleidung mit Reflektorstreifen versehen, eine Warnweste tragen, die Reflektoren regelmäßig von Schmutz befreien, überprüfen, ob Scheinwerfer und Rücklicht funktionieren und richtig eingestellt sind

Aufgabe 4:

Es ist wichtig, damit mich andere Verkehrsteilnehmer rechtzeitig und gut sehen können. Dadurch werden Unfälle vermieden.

Weiterführende Anregung

Die Schüler verzieren ihre Kleidung, Taschen, Schirme, Kappen und Schuhe mit verschiedenen Leuchtmaterialien (Reflektoren, Leuchtstreifen). Veranstalten Sie beim nächsten Klassenfest eine Sicherheits-Modenschau und studieren Sie dazu gegebenenfalls einen Tanz oder ein Theaterstück mit der Klasse ein.

KV Seite 58

Mach dein Fahrrad sichtbar!

Die Schüler wiederholen hier alle wichtigen Teile des Rades, die für ihre Sicherheit im Dunkeln sorgen. Um diese Teile immer wieder in Erinnerung zu rufen, können Sie das Bild des Rades vergrößert kopieren und ausschneiden. Schneiden Sie außerdem den Scheinwerfer, das Rücklicht sowie die Reflektoren aus und hinterkleben Sie diese passend mit gelbem oder rotem Transparentpapier. Malen Sie das Fahrrad schwarz an. Hängen Sie das Bild an ein Fenster, sodass diese Teile durch das durchscheinende Tageslicht „leuchten".

Lösung

Aufgabe 1:

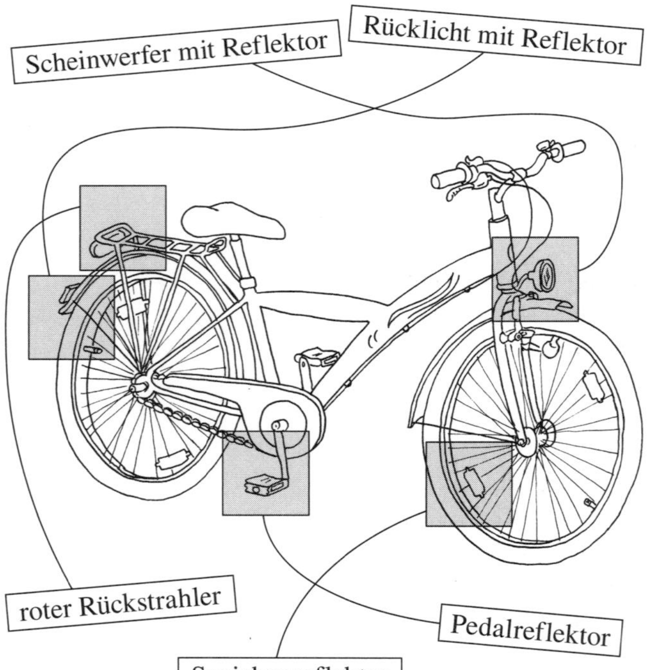

Was kostet die Ausrüstung?

KV Seite 59

Indem die Kinder die Rechenaufgaben lösen, wiederholen sie spielerisch, was alles zu einem verkehrstüchtigen Fahrrad gehört. Das Rechnen mit Geld sowie das Bearbeiten von Sachaufgaben werden außerdem geübt.

Lösung

Aufgabe 1:

12 € + 6 € + 4 € = 22 €
Lasse muss 22 € bezahlen.

11 € + 6 € + 6 € = 23 €
Ina muss 23 € bezahlen.

Aufgabe 2:

50 € – 22 € = 28 €
Lasse bekommt 28 € zurück.

30 € – 23 € = 7 €
Ina bekommt 7 € zurück.

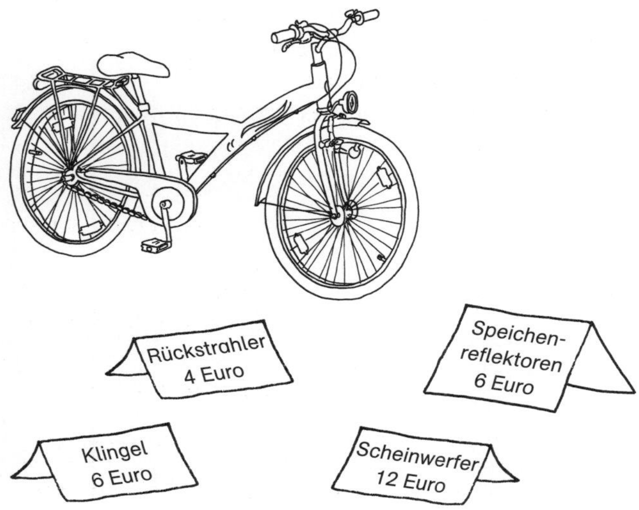

Erste Hilfe

KV Seite 60

Was könnte hier gleich passieren? Die Kinder tauschen sich aus. Ihr Gefahrenbewusstsein und ihr vorausschauendes Denken werden geschult. Durch das Zuordnen erfahren sie, wie man sich bei einer Verletzung richtig verhält. Besprechen Sie auch, dass es vor allem wichtig ist, die verletzte Person nach Möglichkeit nicht allein zu lassen und sie zu beruhigen. Wenn man sich wehtut, ist man oft hilflos und es tut gut, wenn jemand da ist, der einen tröstet. War schon mal jemand aus der Klasse verletzt? Was ist passiert? Wie wurde geholfen? Wie hat das Kind sich gefühlt? Die Kinder sollen nach und nach ein Bewusstsein zur Unfallvermeidung entwickeln.

Lösung

Aufgaben 1–3:

Verbrennung: Die Stelle zehn Minuten unter fließendes, kaltes Wasser halten. Kein Pflaster verwenden. Falls sich eine Blase bildet, diese nicht aufstechen.

Insektenstich: Den Stachel vorsichtig entfernen, falls er noch in der Haut steckt. Die Wunde anschließend kühlen.

Prellung: Die schmerzende Stelle kühlen und ruhig stellen. Bei anhaltenden Schmerzen oder Schwellung zum Arzt gehen.

Schürfwunde: Die Wunde vorsichtig säubern. Ein Pflaster aufkleben oder einen Wundverband anlegen. Bei starker Blutung eine Mullkompresse auf die Wunde drücken.

Weiterführende Anregungen

- Üben Sie das Absichern der Unfallstelle, das Beruhigen des Verletzten sowie das Beachten der fünf Ws beim Absetzen eines Notrufs im Rollenspiel: **Wo** ist es passiert? **Was** ist passiert? **Wie viele** Verletzte sind es? **Welche** Verletzungen hast du gesehen? **Warte** am Telefon auf Rückfragen! Die W-Fragen sind in Deutschland nicht einheitlich festgelegt: „Wer ruft an?“ wird manchmal ergänzt.
- Bringen Sie einen Erste-Hilfe-Kasten mit in den Unterricht und besorgen Sie weitere Verbandsmittel zum Üben für die Kinder (Wundschnellverband, Mullkompressen, elastische Binden, Verbandpäckchen, Einweghandschuhe, Heftpflaster und Dreieckstücher). Besprechen und üben Sie anhand der Materialien die wichtigsten Erste-Hilfe-Maßnahmen.
- Besuchen Sie eine Rettungsleitstelle und eine Rettungswache und lassen Sie sich und den Kindern einen Rettungswagen zeigen und erklären.

Ein Unfallbericht

KV Seite 61

Anhand dieser Kopiervorlage üben die Schüler das Verfassen eines Berichts. Wiederholen Sie vorab gegebenenfalls dessen zentrale Merkmale im Unterrichtsgespräch: die fünf Ws, sachliche Wiedergabe des Geschehens, kurz und knapp, Zeitform Präteritum. Vertiefend kann auch eine Situation aus dem Schulalltag in Berichtform verfasst werden.

Beispiellösung

Aufgabe 2:

Wo und wann ist der Unfall passiert? – Sonntag, 14:30 Uhr, Skatepark Tannenberg
Wer war am Unfall beteiligt? – Leila, 9 Jahre
Was ist geschehen? – Sturz auf den Kopf
Wie ist es passiert? – Sprung über Rampe
Was ist danach passiert, welche Folgen hatte es? – Freundin Sara ruft Rettungsdienst, Rettungswagen, Krankenhaus, leichte Gehirnerschütterung

Aufgabe 3:

Am letzten Sonntag ereignete sich um 14:30 Uhr ein Unfall im Skatepark Tannenberg. Die neunjährige Leila stürzte bei einem Sprung über eine Rampe und fiel auf den Kopf. Ihre Freundin Sara alarmierte umgehend den Rettungsdienst. Der Rettungswagen war schnell vor Ort und brachte Leila ins Krankenhaus. Sie hatte eine leichte Gehirnerschütterung erlitten.

KV Seite 62

Sicher ist sicher!

Anhand des Sicherheitstests können die Kinder die wichtigsten Aspekte dieses Kapitels noch einmal überprüfen und festigen. Wissen sie auch, wie man sich fremden Tieren gegenüber verhalten sollte? Da die Kinder zunehmend mobil werden und selbstständig mit dem Fahrrad unterwegs sind, werden sie auch immer wieder auf Hunde treffen. Bestimmt hat das ein oder andere Kind selbst einen Hund oder kann von seinen Erfahrungen mit dem Tier berichten. Greifen Sie auf dieses Wissen zurück und lassen Sie die Schüler erzählen. Neben der eigenen Telefonnummer ist es im Notfall hilfreich, wenn die Kinder auch die Notrufnummer kennen: 112.

Lösung

1. Welche Teile gehören zu einem verkehrssicheren Fahrrad?
   ☒ Klingel
   ☐ Werkzeugtäschchen
   ☒ Pedalreflektoren

2. Was musst du beim Tragen deines Fahrradhelms beachten?
   ☒ Er muss gut sitzen und darf nicht verrutschen.
   ☐ Er muss gut aussehen.
   ☐ Er sollte die Ohren bedecken.

3. Was hilft, dass du im Dunkeln besser gesehen wirst?
   ☐ helltönende Klingel
   ☒ Scheinwerfer und Rücklicht
   ☒ Speichenreflektoren

4. Wie lautet die Notrufnummer?
   112

5. Was machst du bei einer leichten Verbrennung an der Hand?
   ☐ Ich halte sie unter warmes Wasser.
   ☒ Ich halte sie unter kaltes Wasser.
   ☐ Ich klebe ein Pflaster darauf.

6. Was musst du beachten, wenn du ein Pflaster über eine Verletzung kleben willst?
   ☐ Das Pflaster muss schön bunt und desinfiziert sein.
   ☒ Ich darf den Teil des Pflasters, der auf die Wunde kommt, nicht berühren.
   ☒ Das Pflaster muss so groß sein, dass die Klebefläche nicht auf die Wunde kommt.

7. Darf man fremde Hunde einfach anfassen?
   ☐ Ja, denn sie sind ungefährlich.
   ☒ Nein, ich muss zuerst den Halter um Erlaubnis fragen.

Name:

Profis tragen Helme!

Trage die folgenden Wörter passend in die Lücken ein.

Schutzhelme | Helm | Bedingungen | bergab | Kopfverletzungen | verhindern | Radrennfahrer

Profis, wie zum Beispiel Feuerwehrleute, Bauarbeiter oder ____________________,
tragen ____________________. Sie wissen, dass es bei Unfällen zu schweren ____________________ kommen kann. Ein Sturz bei einer schnellen Fahrt ____________________ ist vergleichbar mit einem Sprung vom Fünf-Meter-Turm in ein Becken ohne Wasser. Ein ____________ kann schlimme Verletzungen ____________________. Dazu muss er bestimmte ____________________ erfüllen.

Kreuze an, was bei einem Fahrradhelm wichtig ist. Überprüfe anschließend, ob dein eigener Helm diese Vorgaben erfüllt.

- ☐ Dein Helm muss Stirn und Hinterkopf schützen.
- ☐ Deine Ohren müssen frei bleiben.
- ☐ Lustige Aufkleber sind wichtig.
- ☐ Der Helm darf nicht die Sicht behindern.
- ☐ Deine Ohren müssen ganz bedeckt sein.
- ☐ Dein Helm muss gut sitzen und darf nicht verrutschen.
- ☐ Er muss leicht und bequem sein.
- ☐ Eine auffällige Farbe und reflektierende Aufkleber sorgen für mehr Sicherheit.
- ☐ Der Helm sollte ein Prüfzeichen haben.

Welches Kind trägt seinen Helm richtig? Kreuze an.

☐  ☐  ☐ 

Name:

Mach dich sichtbar!

Male die Kleidung von Sven und Sara an: im ersten Bild mit hellen Farben, im zweiten Bild mit dunklen Farben.

Was fällt dir auf?

Was kannst du noch tun, damit du im Dunkeln gut zu sehen bist? Schreibe oder male deine Ideen auf.

Warum ist es wichtig, dass du als Radfahrer oder Fußgänger bei Dunkelheit gut zu sehen bist?

Name:

Mach dein Fahrrad sichtbar!

Welche Teile des Fahrrads sorgen bei Dunkelheit für Sicherheit? Schneide die Teile aus und klebe sie an die richtigen Stellen des Rades. Verbinde die Begriffe passend.

Scheinwerfer mit Reflektor

Rücklicht mit Reflektor

roter Rückstrahler

Speichenreflektor

Pedalreflektor

Male die aufgeklebten Teile gelb an. Sie machen dich auch im Dunkeln sichtbar.

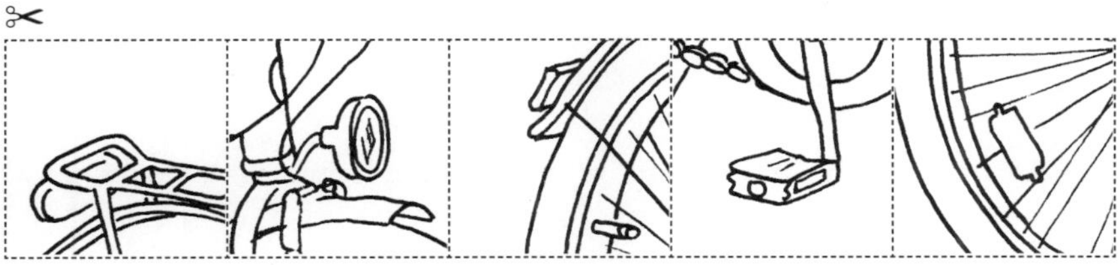

Name:

Was kostet die Ausrüstung?

Lasse und Ina haben beide ein neues Fahrrad bekommen. Ihnen fehlen aber noch ein paar Dinge zur verkehrssicheren Ausrüstung. Was müssen sie jeweils bezahlen? Rechne.

Lasse braucht noch:

Antwort: ______________________

____

Ina braucht noch:

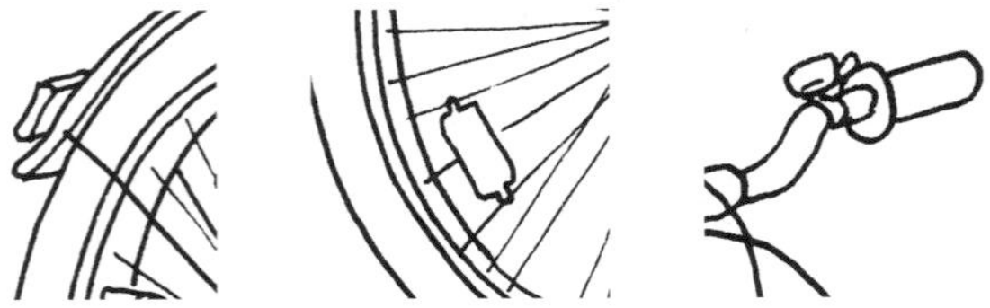

Antwort: ______________________

____

Lasse bezahlt mit einem 50-Euro-Schein, Ina mit einem 20-Euro-Schein und einem 10-Euro-Schein. Wie viel Euro bekommen die beiden jeweils zurück? Rechne.

Lasse

Antwort: ______________________

____

Ina

Antwort: ______________________

____

Name:

Erste Hilfe

Verletzungsgefahr! Was könnte auf den Bildern unten gleich passieren? Sprich mit einem Partner darüber.

Die Kinder haben sich verletzt! Schreibe die Verletzungen passend zu den Bildern.

Schürfwunde | Verbrennung | Insektenstich | Prellung

Wie kannst du Erste Hilfe leisten? Klebe passend auf.

Die Stelle zehn Minuten unter fließendes, kaltes Wasser halten. Kein Pflaster verwenden. Falls sich eine Blase bildet, diese nicht aufstechen.	Die Wunde vorsichtig säubern. Ein Pflaster aufkleben oder einen Wundverband anlegen. Bei starker Blutung eine Mullkompresse auf die Wunde drücken.	Die schmerzende Stelle kühlen und ruhig stellen. Bei anhaltenden Schmerzen oder Schwellung zum Arzt gehen.	Den Stachel vorsichtig entfernen, falls er noch in der Haut steckt. Die Wunde anschließend kühlen.

Name:

Ein Unfallbericht

Ein Unfall ist geschehen. Ein Reporter befragt einen Zeugen und macht sich Notizen. Lies die Stichwörter.

14:30 Uhr - Skatepark Tannenberg - Sprung über Rampe - Sturz auf den Kopf - leichte Gehirnerschütterung - Leila, 9 Jahre - Rettungswagen - Sonntag - Krankenhaus - Freundin Sara ruft Rettungsdienst

Sortiere die Stichwörter, indem du die folgenden Fragen beantwortest.

Wo und wann ist der Unfall passiert?

____

Wer war am Unfall beteiligt?

____

Was ist geschehen?

____

Wie ist es passiert?

____

Was ist danach passiert? Welche Folgen hatte es?

____

____

Verfasse zu den Stichwörtern einen Bericht in ganzen Sätzen. Schreibe auf ein Blatt.

Schreibe nur das Wichtigste auf! Schreibe im Präteritum (Vergangenheit).

Name:

Sicher ist sicher!

Beantworte die folgenden Fragen oder kreuze die richtigen Antworten an. Beachte: Es können auch mehrere Antworten richtig sein.

1. Welche Teile gehören zu einem verkehrssicheren Fahrrad?
☐ Klingel
☐ Werkzeugtäschchen
☐ Pedalreflektoren

2. Was musst du beim Tragen deines Fahrradhelms beachten?
☐ Er muss gut sitzen und darf nicht verrutschen.
☐ Er muss gut aussehen.
☐ Er sollte die Ohren bedecken.

3. Was hilft, dass du im Dunkeln besser gesehen wirst?
☐ helltönende Klingel
☐ Scheinwerfer und Rücklicht
☐ Speichenreflektoren

4. Wie lautet die Notrufnummer?
____

5. Was machst du bei einer leichten Verbrennung an der Hand?
☐ Ich halte sie unter warmes Wasser.
☐ Ich halte sie unter kaltes Wasser.
☐ Ich klebe ein Pflaster darauf.

6. Was musst du beachten, wenn du ein Pflaster über eine Verletzung kleben willst?
☐ Das Pflaster muss schön bunt und desinfiziert sein.
☐ Ich darf den Teil des Pflasters, der auf die Wunde kommt, nicht berühren.
☐ Das Pflaster muss so groß sein, dass die Klebefläche nicht auf die Wunde kommt.

7. Darf man fremde Hunde einfach anfassen?
☐ Ja, denn sie sind ungefährlich.
☐ Nein, ich muss zuerst den Halter um Erlaubnis fragen.

4. Kapitel: Im Schilderwald

Vorbemerkung

Verkehrszeichen sind die markantesten Orientierungshilfen im Straßenverkehr. In diesem Kapitel liegt der Schwerpunkt deshalb auf dem Kennenlernen, Verstehen und Üben der für Radfahrer wichtigen Verkehrszeichen. Die Schüler müssen die Notwendigkeit von Zeichen und Regeln erkennen und durch regelmäßiges Wiederholen deren Bedeutung verinnerlichen. Nur so können sie sich sicher und vorausschauend im Verkehr zurechtfinden. Mit Lernscheibe, Schilderbingo und Quartett werden hier vielfältige Übungsmöglichkeiten angeboten, die das spielerisch unterstützen.

Lehrplanbezug

Sachunterricht
- Notwendigkeit von Vorschriften, Zeichen und Regelungen erkennen
- Schilder in Gefahren-, Verbots-, Gebots- und Richtzeichen (Hinweiszeichen) einteilen
- Fahrbahnmarkierungen kennen

Deutsch
- Bildhafte und sprachliche Darstellungen in ihrer Wirkung vergleichen und situationsgerecht anwenden

Mathematik
- Symmetrien erkennen und Symmetrieachsen einzeichnen

Kunst
- Symbolhaftigkeit und Wirkung von Farben erfahren
- Schilder fertig zeichnen
- Einen Verkehrsteppich basteln

Zu den Kopiervorlagen

KV Seite 69

Zeichen lesen und verstehen

An öffentlichen Orten gibt es Zeichen und Symbole, die fast jeder auf der Welt versteht. Lassen Sie einführend solche Zeichen im Schulhaus suchen: Feuerlöscher, Fluchtweg, Toilette usw. Die Kinder können diese Zeichen abmalen und beschriften. Witzig und zusätzlich motivierend ist es, ein Fotorätsel durchzuführen. Teilen Sie die Klasse dafür in Gruppen ein, die im Schulhaus verschiedene Zeichen fotografieren. Die Bilder werden anschließend ausgedruckt und der restlichen Klasse gezeigt. Weiß jeder, woher das Zeichen stammt? Bieten Sie vor dem Austeilen des Arbeitsblattes Zeichen und Symbole an, die man überall auf der Welt sehen kann. Dafür eignen sich vor allem Zeichen von Flughäfen oder Bahnhöfen. Interessant ist die Aufgabe zu bereits veralteten Verkehrszeichen. Die meisten kann man auch heute noch leicht verstehen.

Lösung

Aufgabe 1:

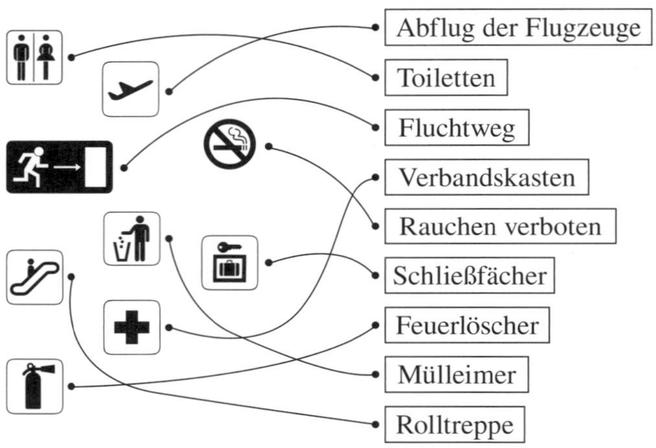

Aufgabe 2:

Fußgängerüberweg

Halt, Vorfahrt gewähren!

Verbot für Fahrräder

Achtung, unbeschrankter Bahnübergang!

Gehweg

Achtung, Radfahrer!

Einbahnstraße

KV Seite 70

Wozu Verkehrsregeln und -zeichen?

Einführend zu dieser Frage können Sie ein Bild der Straßensituation vor dem Schulgelände zeigen und alle Schilder und Zeichen verdecken. Was würde sich ändern? Auf der Kopiervorlage wird die Frage nach dem Sinn von Verkehrszeichen aufgegriffen und beantwortet. In einem anschließenden Gespräch tauschen sich die Schüler vertiefend darüber aus, welche Probleme und Gefahren entstehen würden, wenn es keine Regeln und Zeichen gäbe. Neben dem Straßenverkehr sind Regeln auch in vielen anderen Bereichen des Alltags wichtig, für die es meist keine Schilder gibt. Die Kinder erfinden eigene.

Lösung

Aufgabe 1:

Im Straßenverkehr können die Verkehrsteilnehmer meist nicht miteinander sprechen. Deshalb müssen sie sich durch Zeichen verständigen und sich an bestimmte Regeln halten. Wichtig ist, dass alle Verkehrsteilnehmer diese Zeichen kennen. Wenn du am Zebrastreifen die Hand ausstreckst, gibst du ein Zeichen. Eine Ampel gibt auch Zeichen: Lichtzeichen. Ganz wichtige Zeichen sind auch die Verkehrsschilder.

Ampeln und Verkehrsschilder sorgen für die Sicherheit der Autofahrer, der Fußgänger und der Radfahrer.

Aufgabe 2:

z. B. Es gäbe viel mehr Unfälle, weil keiner wüsste, wann er Vorrang hat. – Die Straßen wären verstopft, weil alle kreuz und quer fahren würden. – Fußgänger hätten bei viel Verkehr Probleme, über die Straße zu gelangen. – Es wäre sehr gefährlich auf den Straßen, weil man nicht wüsste, womit man rechnen muss. – Man würde nicht vor Gefahren gewarnt werden. – Keiner wüsste, wo er fahren oder parken soll.

KV Seite 71

Formen und Farben der Verkehrsschilder

Legen Sie verschiedene Verkehrsschilder bereit und lassen Sie diese von den Schülern ordnen. Vieles ist möglich: nach Form, Farbe usw. Lässt sich durch eine solche Ordnung auch erschließen, ob ein Schild vor etwas warnt, etwas verbietet oder auf etwas hinweist? Fügen Sie weitere Schilder hinzu, um die gefundene Lösung zu bestätigen: Dreiecke warnen vor einer möglichen Gefahr, rote Kreisschilder verbieten etwas, blaue Kreisschilder fordern auf und viereckige Schilder weisen auf etwas hin. Lassen Sie die Schüler in Gruppen zu jeder Schilderart ein Merkposter herstellen, das jeweils im Klassenzimmer aufgehängt wird.

Laut StVO § 41 sind Verbots- und Gebotszeichen Vorschriftzeichen. Hierzu zählen auch die Vorrang-gewähren-Schilder. Vorfahrtszeichen gehören hingegen zu den Richtzeichen.

Die getroffene Einteilung auf den folgenden Seiten dient dem leichteren Erfassen der Bedeutungen für die Schüler und kann jeweils als Eselsbrücke gesehen werden. Sie erfassen nicht die Gesamtheit der Verkehrszeichen, sondern beziehen sich auf die Schilder, die für Ihre Schüler relevant sind.

Lösung

Aufgabe 2:

Gefahrzeichen: Form: dreieckig, Farbe: rot

Verbotszeichen: Form: rund, Farbe: rot; Rund und rot – ein Verbot!

Gebotszeichen: Form: rund, Farbe: blau; Rund und blau – nimm's genau!

Richtzeichen (Hinweiszeichen): Form: viereckig, Farbe: meist blau

KV Seite 72

Symmetrisch oder nicht?

Anhand dieser Vorlage sollen die Schüler Symmetrien erkennen und unvollständige symmetrische Figuren vollenden. Stellen Sie kleine Handspiegel bereit, mit denen die Schüler die Symmetrien leichter finden können. Welche Schilder haben mehrere Spiegelachsen? Welche haben keine?

Lösung

Aufgabe 1:

Aufgabe 2:

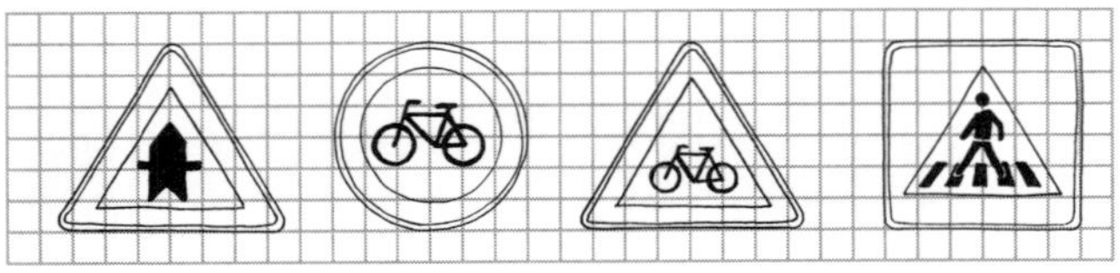

Gefahrzeichen

KV Seite 73

Die folgenden vier Kopiervorlagen greifen jeweils die einzelnen Schildergruppen auf. Gefahrzeichen können schnell an ihrer Form erkannt werden: Ein Dreieck wie ein A – Achtung! Die Gefahr, vor der gewarnt wird, kann jeweils an den meist schwarzen Symbolen im inneren Feld abgelesen werden. Um das Einprägen der Gefahrzeichen zu erleichtern, ergänzen Sie beim Benennen immer auch „Achtung, …“, z. B.: „Achtung, Fußgänger!“ Was bedeutet diese Warnung für die Verkehrsteilnehmer?

Lösung

Aufgabe 1:

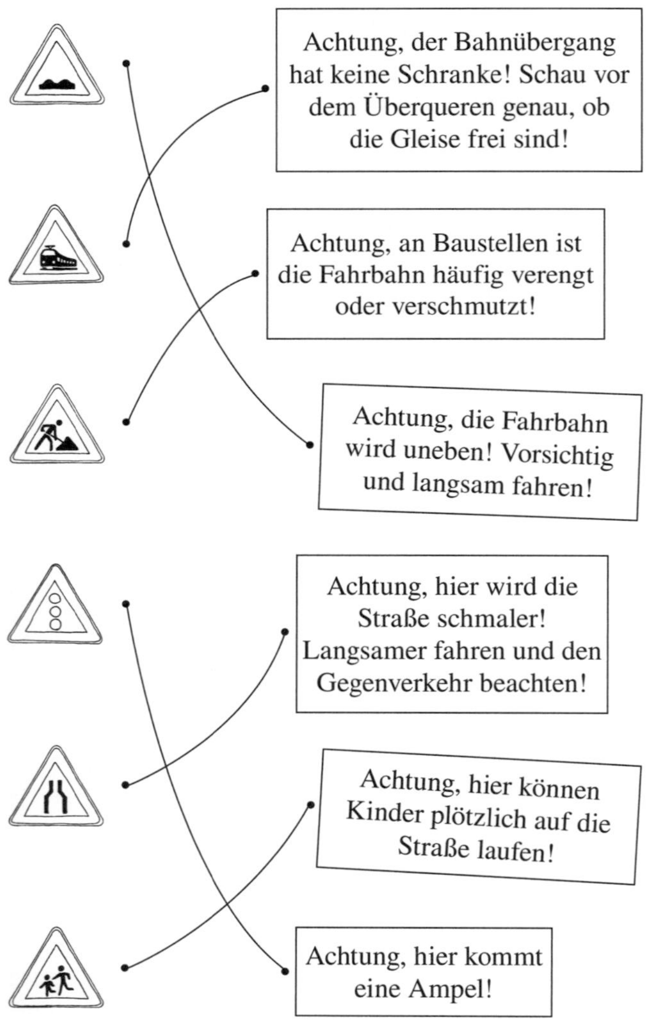

Aufgabe 2:

z. B. Ein Gefahrenschild ist dreieckig und hat einen roten Rahmen. Es sieht aus wie ein großes A.

Verbotsschilder

KV Seite 74

Welche Schilder verbieten etwas? Hier geht es um die geläufigsten Verbotsschilder, die auch für Radfahrer wichtig sein können. Der Merkspruch „Rund und rot – ein Verbot!“ hilft den Schülern, sich die Grundbedeutung dieser Schilder leicht zu merken.

Lösung

Verbot für Fahrzeuge aller Art
Hier ist die Durchfahrt für alle Fahrzeuge verboten. Fahrräder müssen geschoben werden.

Verbot für Kraftwagen
Hier dürfen keine Autos durchfahren.

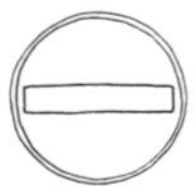

Verbot der Einfahrt
Die Straße ist in dieser Fahrtrichtung gesperrt.

Verbot für Fahrräder
Hier dürfen keine Radfahrer durchfahren.

Gebots- und Hinweiszeichen

KV Seite 75

Wichtige Gebots- und Hinweiszeichen werden auf dieser Kopiervorlage behandelt. Die beiden Schilder „Gemeinsamer Geh- und Radweg“ und „Getrennter Geh- und Radweg“ werden oft verwechselt. Erarbeiten Sie mit der Klasse eine Eselsbrücke: Beim getrennten Geh- und Radweg zeigt der Trennstrich in der Mitte auch die Trennung der beiden Wege an. Radfahrer müssen links fahren, Fußgänger laufen rechts, oder umgekehrt. Beim gemeinsamen Geh- und Radweg haben Fußgänger eine Art „Vorrecht“ vor dem Radfahrer, da dieser Rücksicht nehmen muss. Deshalb ist der Fußgänger oben abgebildet und das Rad darunter.

Lösung

Aufgabe 1:

Hier darfst du nur geradeaus fahren oder rechts abbiegen.

Du darfst nur in der Richtung fahren, die der Pfeil anzeigt.

Radfahrer müssen links fahren und Fußgänger rechts gehen.

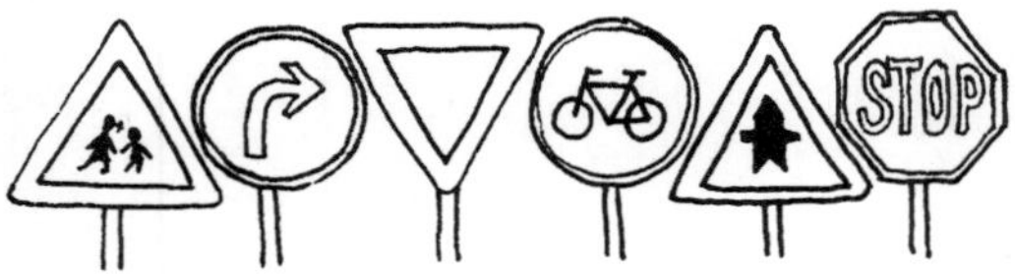

Hier dürfen Kinder spielen.

Hier musst du dein Rad schieben.

Hier müssen Radfahrer und Fußgänger einen gemeinsamen Weg benutzen.

KV Seite 76

Schilder, die die Vorfahrt regeln

Vorfahrtsschilder nehmen aufgrund ihrer Wichtigkeit eine Sonderstellung unter den Verkehrszeichen ein. Deshalb haben sie eine eigene Form und eine eigene Farbe. Üben Sie diese Schilder besonders intensiv mit der Klasse.

Lösung
Lösungssatz: Augen auf im Straßenverkehr!

KV Seite 77

Wo ist mein Platz?

Hier ordnen die Schüler verschiedene Schilder den richtigen Stellen im Verkehrsgeschehen zu. Sie müssen sich Gedanken darüber machen, an welchen Stellen ein Schild überhaupt Sinn macht.

Vertiefend bietet sich Folgendes an: Nehmen Sie den Bildausschnitt als Ausgangspunkt für eine Gemeinschaftsarbeit der Klasse und lassen Sie ein Verkehrsposter anfertigen. Kopieren Sie dafür das Bild und kleben Sie es auf ein großes Plakat. Die Schüler setzen es fort und fügen verschiedene Straßenverläufe, Kreuzungen und Situationen ein. Sie ergänzen Fußgänger, Radfahrer, Autos, Busse und weitere Verkehrsteilnehmer. Die Schilder können direkt eingezeichnet werden. Aufwendiger ist es, jedes Schild einzeln anfertigen zu lassen und zu laminieren. Dann können die Schüler diese richtig auf dem Poster platzieren. Mit Klebepads lassen sie sich immer wieder ablösen und neu ankleben. Diese Übung eignet sich für die Freiarbeit. Legen Sie vorher fest, wie viele Kinder jeweils gleichzeitig daran arbeiten dürfen. Gezeichnet wird mit Bleistift. Wenn das gesamte Plakat angelegt ist, wird das Poster angemalt. Hängen Sie es im Klassenzimmer auf, sodass die Kinder daran üben und sich die einzelnen Situationen ansehen können.

Lösung

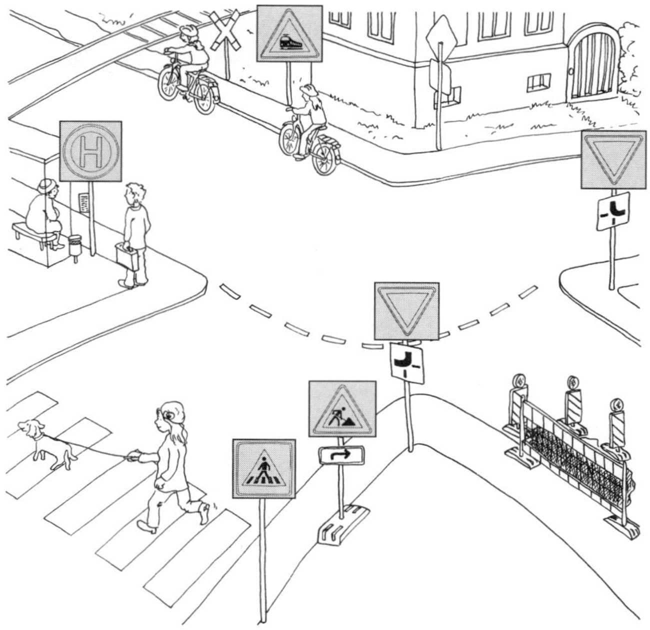

Fahrradstraßen und Radverkehrsanlagen
Eine Fahrradstraße darf in der Regel nur von Fahrrädern befahren werden. Zusatzschilder können die Straße jedoch für weitere Fahrzeuge freigeben. Radfahrende Kinder unter acht Jahren müssen, wie bei anderen Straßen, den Gehweg oder Seitenstreifen benutzen.

Zu den Radverkehrsanlagen gehören benutzungspflichtige Radwege, Radfahrstreifen und Schutzstreifen. Radfahrstreifen werden in der Regel von der Fahrbahn mit durchgezogenem Breitstrich abgetrennt und durch das Zeichen „Sonderweg für Radfahrer" gekennzeichnet. Sie dürfen nur von Radfahrern benutzt und nicht von anderen Fahrzeugen befahren werden.

Nicht zu verwechseln sind die Radfahrstreifen mit dem Schutzstreifen. Dieser ist Bestandteil der Fahrbahn und deshalb nicht durch das Zeichen „Sonderweg für Radfahrer" ausgewiesen. Man erkennt den Schutzstreifen am Sinnbild „Radfahrer" in Form einer Fahrbahnmarkierung. Schutzstreifen dürfen von anderen Fahrzeugführern mit besonderer Vorsicht überfahren werden.

KV Seite 78

Wo darfst du als Radfahrer fahren?

Beim Bearbeiten dieser Kopiervorlage müssen die Schüler die Bedeutung der Schilder gut kennen, um zu entscheiden, ob sie auf diesen Wegen fahren dürfen oder nicht. Klären Sie vorab, dass eine Kraftfahr-

straße, umgangssprachlich auch Schnellstraße genannt, nicht für Fahrräder erlaubt ist. Gehen Sie an dieser Stelle auch auf die mögliche Nutzung des Gehwegs durch Radfahrer ein. Kinder bis zum vollendeten achten Lebensjahr müssen auf dem Gehweg fahren. Bis zum vollendeten zehnten Lebensjahr dürfen sie mit ihrem Fahrrad noch den Gehweg benutzen. Betonen Sie dabei das angemessene Fahrverhalten und die besondere Rücksichtnahme auf Fußgänger.

Durch das Spiel trainieren die Schüler vertiefend die Bedeutung der Schilder für Radfahrer. Falls Sie keine großen Schilder vorliegen haben, können diese von den Schülern gebastelt werden.

Lösung

Aufgaben 1/2:

obere Reihe: Getrennter Rad- und Gehweg – Radweg – ~~Gehweg~~ – ~~Durchfahrt verboten~~

untere Reihe: Gemeinsamer Geh- und Radweg – ~~Verbot der Einfahrt~~ – ~~Verbot für Fahrräder~~ – ~~Kraftfahrstraße~~

KV Seite 79/80

Verkehrszeichenbingo

Die Schüler erstellen jeweils einen Bingoplan mit vier mal vier Kästchen (16 x 16 cm). Aus den vorgegebenen Verkehrszeichen wählen sie sich 16 aus und tragen deren Bedeutung beliebig auf ihrem Bingoplan ein. Mit der Lösungskarte können sie sich dabei über die richtige Bedeutung der einzelnen Schilder informieren. Anschließend wird ein Spielleiter für die erste Runde bestimmt. Er erhält alle Bingokärtchen. Der Spielleiter wird nach jeder Runde gewechselt. Die Anzahl der Spielrunden wird vor Beginn festgelegt. Gespielt wird nach den genannten Regeln.

Sammeln Sie die Bingopläne und -kärtchen nach dem Spielen in einer Mappe, sodass sie für die Freiarbeit zur Verfügung stehen.

Weiterführende Anregungen

Die Kinder können mit den Verkehrszeichen zu zweit oder in der Kleingruppe weitere Spiele spielen:

- „Ich sehe ein Schild“: Die Bilderkärtchen werden ausgebreitet, sodass die Schilder für alle Spieler gut zu sehen sind. Ein Spieler wählt nun für sich ein Schild aus, das er Schritt für Schritt erklärt, z. B.: „Es ist ein Verbotsschild. Es sind Pfeile darauf zu sehen …“
- „Was bin ich?“: Umgekehrt kann ein Spieler aus den ausgebreiteten Kärtchen ein Schild auswählen, das die anderen Mitspieler nun durch Fragen herausfinden müssen, z. B.: „Ist es ein Achtungschild?“ → „Ja.“ „Ist ein Fahrzeug darauf abgebildet?“ → …

KV Seite 81

Schilder-Lernscheibe

Die Lernscheibe eignet sich gut zum Üben. Jeder Schüler kann sie für sich basteln, um sie überallhin mitnehmen und damit üben zu können. Oder Sie stellen ein paar stabilere und etwas größere Lernscheiben für die Freiarbeit her. Dafür brauchen Sie Buntstifte, eine Schere, Klebstoff, eventuell eine Ahle und eine Musterklammer. Gehen Sie folgendermaßen vor:

1. Zuerst die Schilder in den richtigen Farben anmalen und die Schablonen sorgfältig ausschneiden.
2. Dann die weißen Flächen der beiden Scheiben gegeneinanderkleben. Dabei müssen die kleinen schwarzen Pfeile auf beiden Seiten auf gleicher Höhe liegen, damit jedem Schild die entsprechende Bedeutung zugeordnet wird.
3. Die beiden Klebeflächen der eckigen Schablone nach innen biegen und die beiden Rechtecke aufeinanderkleben. Das ist die Hülle für die Verkehrszeichenscheibe.
4. Die Scheibe und ihre Hülle in der Mitte vorsichtig mit einer Schere oder einer Ahle durchbohren. Die Scheibe in die Hülle schieben und mit der Musterklammer so befestigen, dass sie sich drehen lässt.

KV Seite 82–84

Schilderquartett

Das Quartett bietet eine weitere spielerische Möglichkeit die Bedeutung der Verkehrszeichen zu üben und zu festigen. Laminieren Sie die fertigen Karten, sodass sie lange verwendet werden können.

KV Seite 85

Fahrbahnmarkierungen

Neben Ampeln und Schildern sind auch Fahrbahnmarkierungen wichtige Verkehrszeichen. Geben Sie den Schülern vorab den Auftrag, auf ihrem Schulweg die Beschriftungen der Straßen zu beachten. Diese können am Folgetag im Unterricht an die Tafel gemalt werden. Welche Bedeutung haben die Markierungen?

Lösung

Vor der Haltlinie musst du anhalten, einen Fuß auf die Fahrbahn stellen und die Vorfahrt beachten.
Die durchgezogene Fahrstreifenbegrenzung darfst du nicht überfahren.
Die einseitige Fahrstreifenbegrenzung darfst du nur von der Seite überfahren, die nicht durchgezogen ist.
Sperrflächen darfst du nicht überfahren.
Gibt es Pfeilmarkierungen, musst du dich rechtzeitig einordnen. Nach dem Einordnen darfst du nur in Pfeilrichtung weiterfahren.
Am Fußgängerüberweg haben Fußgänger Vorrang.

KV Seite 86

Einen Verkehrsteppich basteln

Mit dem Verkehrsteppich können die Schüler selbstständig den Umgang mit verschiedenen Verkehrszeichen, das Verhalten im Verkehr sowie vorausschauendes Handeln üben. Sie können außerdem verschiedene Verkehrssituationen nachstellen oder den Modellübungsplatz zur Erläuterung von theoretischen Handlungsabläufen heranziehen. Zur Herstellung des Stadtplans eignen sich auch alte Tischdecken oder große Pappen. Um ein realistischeres Modell zu erhalten, können die Gebäude aus Schachteln und Pappkartons hergestellt werden. Die Schüler bringen Spielzeugautos und -figuren mit.

KV Seite 87

Schilder-Sudoku

Sudokus sind beliebte Knobelspiele, die logisches Denken erfordern. Auch für Kinder sind sie sehr ansprechend. Durch die vier verwendeten Formen Kreis, Raute, Rechteck und Dreieck wird außerdem der Bezug zu den Verkehrszeichen hergestellt. Lösen Sie gegebenenfalls zuerst ein Sudoku gemeinsam mit der Klasse an der Tafel.

Lösung

1.

◇	□	○	▽
○	▽	◇	□
□	◇	▽	○
▽	○	□	◇

2.

○	▽	◇	□
□	◇	○	▽
▽	○	□	◇
◇	□	▽	○

3.

□	◇	▽	○
○	▽	◇	□
▽	○	□	◇
◇	□	○	▽

4.

▽	◇	□	○
○	□	▽	◇
□	○	◇	▽
◇	▽	○	□

KV Seite 88

Mandala mit Verkehrszeichen

Die Ordnung und Regelmäßigkeit von Mandalas fasziniert Jungen und Mädchen gleichermaßen. Sorgfältig angemalt entstehen bunte Kunstwerke. Indem die Kinder die richtigen Farben verwenden, beschäftigen sie sich nochmals mit den einzelnen Zeichen. Wer entwirft ein eigenes Verkehrszeichen-Mandala?

Name:

Zeichen lesen und verstehen

An allen öffentlichen Orten gibt es Zeichen und Symbole, die dir sagen, wo du etwas findest oder wie du dich verhalten sollst. Sie sind fast überall auf der Welt verständlich.

Was bedeuten diese Zeichen? Verbinde sie passend.

 •

 •

 •

 •

 •

 •

 •

 •

 •

- Abflug der Flugzeuge
- Toiletten
- Fluchtweg
- Verbandskasten
- Rauchen verboten
- Schließfächer
- Feuerlöscher
- Mülleimer
- Rolltreppe

Manche Verkehrszeichen wurden im Laufe der Zeit neu gestaltet, bedeuten jedoch noch immer das Gleiche. Rahme jeweils in einer Farbe ein, was zusammenpasst.

Halt, Vorfahrt gewähren!

Gehweg

Einbahnstraße

Achtung, unbeschrankter Bahnübergang!

Achtung, Radfahrer!

Verbot für Fahrräder

Fußgängerüberweg

Name:

Wozu Verkehrsregeln und -zeichen?

Wozu gibt es eigentlich Verkehrsregeln? Setze die Wörter richtig ein.

Sicherheit | Zebrastreifen | Fußgänger | Regeln

Zeichen | Verkehrsteilnehmer | Ampel | sprechen | Verkehrsschilder

Im Straßenverkehr können die Verkehrsteilnehmer meist nicht miteinander ____________ . Deshalb müssen sie sich durch ____________ verständigen und sich an bestimmte ____________ halten. Wichtig ist, dass alle ____________ diese Zeichen kennen. Wenn du am ____________ die Hand ausstreckst, gibst du ein Zeichen. Eine ____________ gibt auch Zeichen: Lichtzeichen. Ganz wichtige Zeichen sind auch die ____________ .

Ampeln und Verkehrsschilder sorgen für die ____________ der Autofahrer, der ____________ und der Radfahrer.

Stell dir vor, es gäbe keine Verkehrsregeln und Verkehrszeichen. Welche Probleme und Gefahren würden entstehen? Sprich mit einem Partner und schreibt auf, was euch dazu einfällt.

Erfinde eigene Schilder! Worauf sollen sie hinweisen? Was soll beachtet werden? Vervollständige, ergänze und beschrifte.

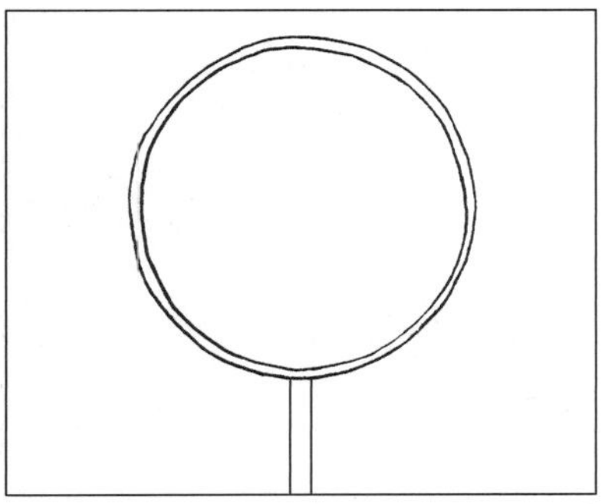

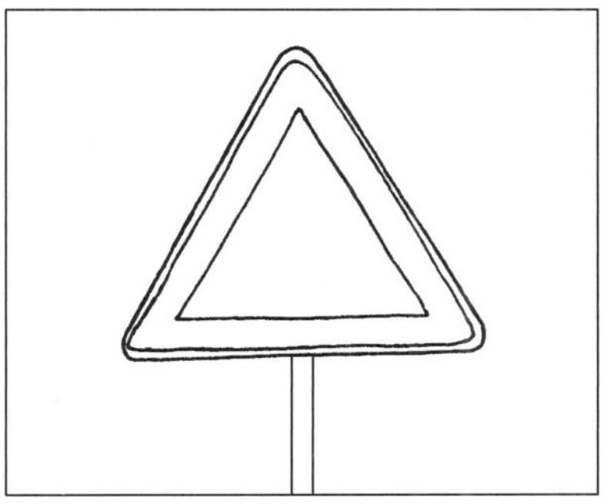

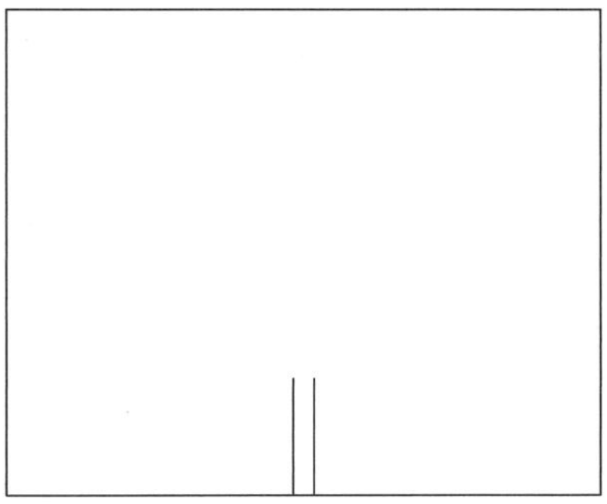

____________ ____________ ____________

Name:

Formen und Farben der Verkehrsschilder

Verkehrszeichen lassen sich gut in Gruppen einteilen. Form und Farbe verraten dir, ob ein Schild vor einer Gefahr warnt, etwas verbietet oder einen Hinweis gibt.

Male die Verkehrsschilder richtig an.

Was gilt jeweils für viele Verkehrszeichen einer Gruppe? Fülle die Lücken. Manche Begriffe brauchst du mehrmals.

rund dreieckig viereckig

rot meist blau blau

Merke dir die Eselsbrücken!

Gefahrzeichen

Form: ____________ Farbe: ____________

ACHTUNG!

Verbotszeichen

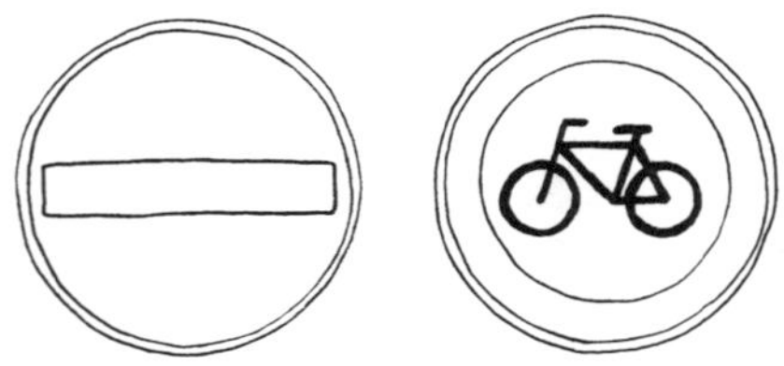

Form: ____________ Farbe: ____________

__________ und __________ –
ein Verbot!

Gebotszeichen

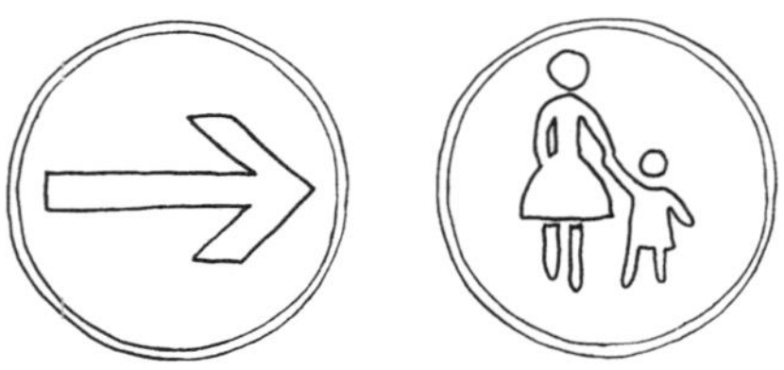

Form: ____________ Farbe: ____________

__________ und __________ –
nimm's genau!

Richtzeichen (Hinweiszeichen)

Form: ____________ Farbe: ____________

____

HINWEIS

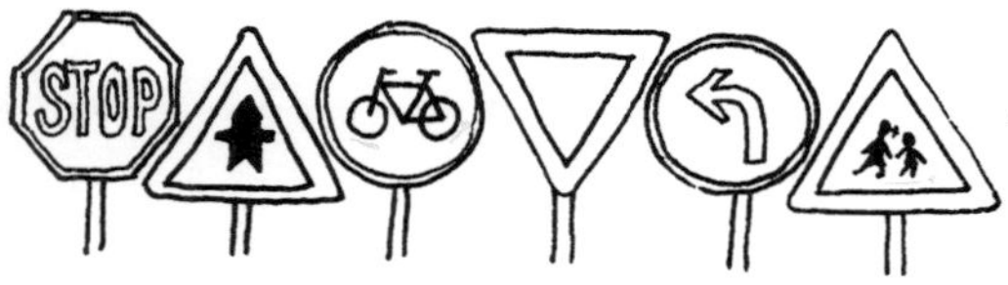

Name:

Symmetrisch oder nicht?

Welche Schilder sind symmetrisch? Zeichne die Spiegelachsen ein.
Achtung: Es gibt auch Verkehrsschilder mit mehreren Spiegelachsen!

Überprüfe mithilfe eines Spiegels!

Zeichne die Verkehrsschilder fertig.

Name:

Gefahrzeichen

A chtung, Gefahr!

Auf welche Gefahr machen die folgenden Schilder aufmerksam? Verbinde und male die Schilder in der richtigen Farbe an.

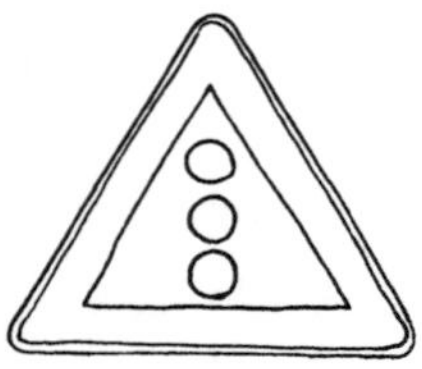

Achtung,
der Bahnübergang hat keine Schranke!
Schau vor dem Überqueren genau,
ob die Gleise frei sind!

Achtung,
an Baustellen ist die Fahrbahn
häufig verengt oder verschmutzt!

Achtung,
die Fahrbahn wird uneben!
Vorsichtig und langsam fahren!

Achtung,
hier wird die Straße schmaler!
Langsamer fahren und den
Gegenverkehr beachten!

Achtung,
hier können Kinder plötzlich
auf die Straße laufen!

Achtung,
hier kommt eine Ampel!

Woran erkennst du ein Gefahrenschild?

Verbotsschilder

Schneide alle Verbotsschilder unten aus und klebe sie zu den passenden Beschreibungen. Male die Schilder dann in der richtigen Farbe an.

Verbot für Fahrzeuge aller Art
Hier ist die Durchfahrt für
alle Fahrzeuge verboten.
Fahrräder müssen geschoben werden.

Verbot für Kraftwagen
Hier dürfen keine
Autos durchfahren.

Verbot der Einfahrt
Die Straße ist in dieser
Fahrtrichtung gesperrt.

Verbot für Fahrräder
Hier dürfen keine
Radfahrer durchfahren.

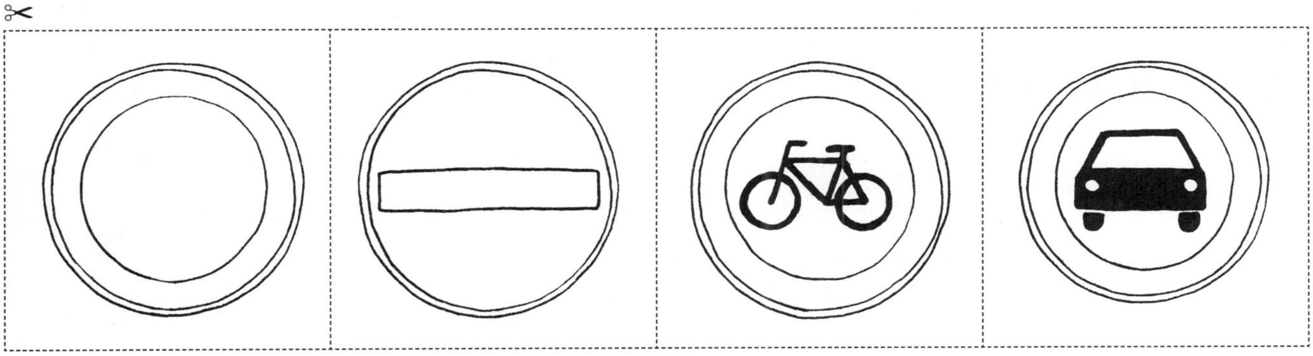

Name: 

Gebots- und Hinweiszeichen

Kennst du diese Zeichen? Kreuze die passenden Bedeutungen an.
Male die Schilder anschließend richtig an.

- ☐ Hier darfst du nur geradeaus fahren oder rechts abbiegen.
- ☐ Hier musst du geradeaus fahren und rechts abbiegen.
- ☐ Geradeaus oder rechts geht es nach Hause.

- ☐ Du darfst nur in der Richtung fahren, die der Pfeil anzeigt.
- ☐ Du darfst nur nach rechts fahren.
- ☐ Hier dürfen nur Bahnen fahren.

- ☐ Hier dürfen keine Radfahrer fahren.
- ☐ Radfahrer müssen links fahren und Fußgänger rechts gehen.
- ☐ Hier dürfen nur weiße Fahrräder fahren.

- ☐ Hier dürfen keine Kinder spielen.
- ☐ Hier dürfen Kinder spielen.
- ☐ Hier ist ein Kindergarten.

- ☐ Hier musst du dein Rad schieben.
- ☐ Fußgänger dürfen hier nur mit Kindern gehen.
- ☐ Du darfst hier langsam fahren.

- ☐ Radfahrer müssen links fahren und Fußgänger rechts gehen.
- ☐ Hier musst du dein Rad schieben.
- ☐ Hier müssen Radfahrer und Fußgänger einen gemeinsamen Weg benutzen.

Sucht die richtige Form!

Legt zunächst mit Bändern oder Seilen mehrere Dreiecke, Kreise, Vierecke und Achtecke. Nun lauft ihr alle durcheinander, bis der Lehrer den Namen eines Verkehrsschildes nennt. Sucht so schnell wie möglich die passende Form. Stellt euch hinein und ruft laut ihren Namen.
Der Schnellste darf das nächste Schild nennen.

Name:

Schilder, die die Vorfahrt regeln

Bei welchen Schildern hast du Vorfahrt, bei welchen Schildern musst du warten? Nummeriere richtig. Trage unten den Lösungssatz ein.

① 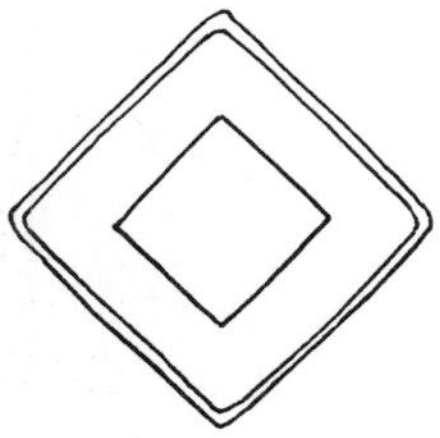

② 

③ 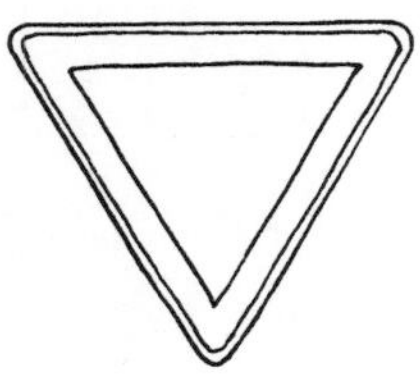

④ 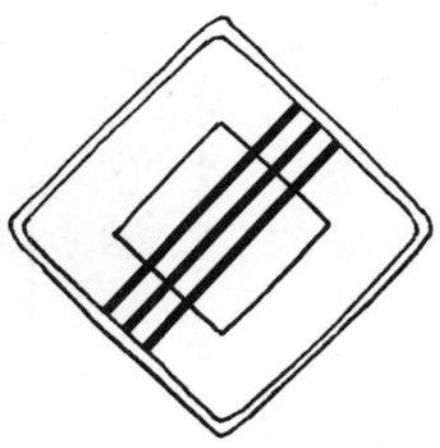

⑤ 

◯	**auf**	An der nächsten Kreuzung hast du Vorfahrt. Aber das gilt nur für diese Kreuzung. Danach kann es schon wieder anders sein.
◯	**im**	Hier musst du warten, bis alle Fahrzeuge auf der Vorfahrtsstraße vorbeigefahren sind. Erst wenn alles frei ist, darfst du fahren.
◯	**Augen**	Auf dieser Straße hast du Vorfahrt. Andere Fahrzeuge, die aus einer Seitenstraße kommen, müssen dich vorbeifahren lassen.
◯	**verkehr!**	Hier musst du auf jeden Fall an der Haltlinie anhalten und einen Fuß auf die Fahrbahn stellen. Erst wenn alles frei ist, darfst du weiterfahren.
◯	**Straßen**	Hier endet die Vorfahrtsstraße. Achte an der nächsten Kreuzung darauf, wie die Vorfahrt geregelt ist.

Lösungssatz: ______________________________

Name:

Wo ist mein Platz?

Male die Verkehrsschilder unten in den richtigen Farben an. Schneide sie dann aus und klebe sie an die passenden Stellen im Bild.

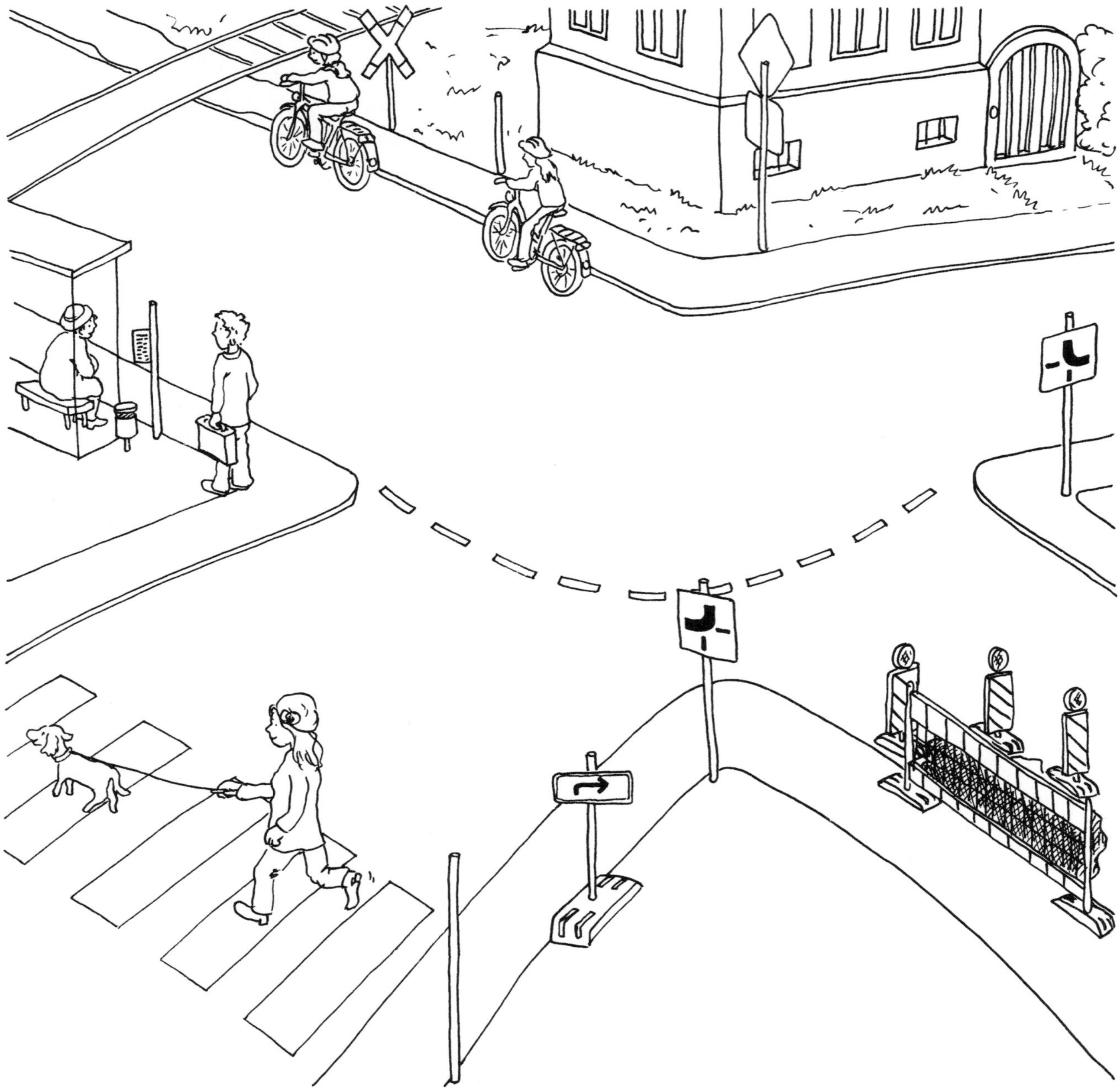

Name:

Wo darfst du als Radfahrer fahren?

Schreibe zu jedem Schild die passende Bedeutung.

Male alle Schilder richtig an, bei denen du als Radfahrer fahren darfst. Male den kleinen Kreis rot an, wo du nicht fahren darfst.

Verbot der Einfahrt | Kraftfahrstraße | Durchfahrt verboten

Getrennter Rad- und Gehweg | Gemeinsamer Geh- und Radweg

Radweg | Verbot für Fahrräder | Gehweg

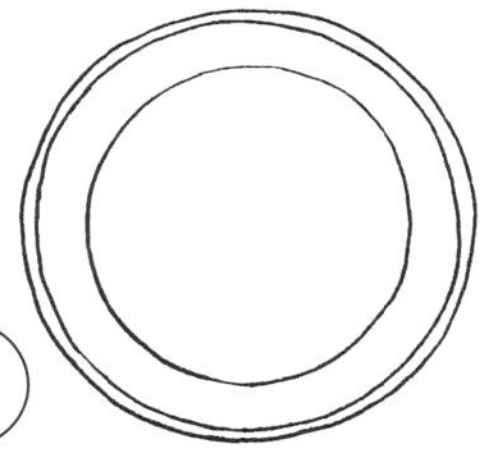

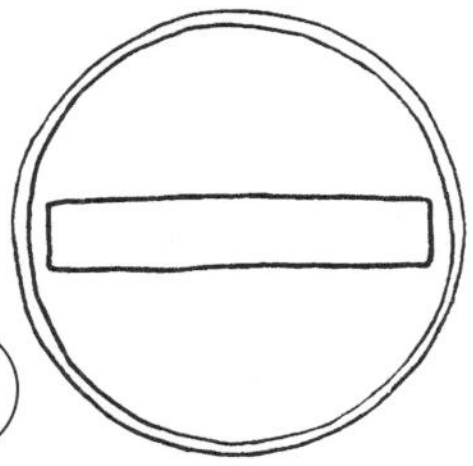

Fahren oder stehen? Spielt das Spiel.

Bewegt euch im Hopserlauf durch den Raum. Euer Lehrer hält ein Schild nach oben. Dürft ihr diesen Weg als Radfahrer benutzen, rennt weiter im Hopserlauf durch den Raum. Seht ihr ein Schild, bei dem ihr nicht fahren dürft, haltet an und verschränkt eure Arme.

Verkehrszeichenbingo (1)

Ihr braucht:

- ein Blatt Papier
- einen Bleistift, ein Lineal
- einen Spielplan für jeden Mitspieler
- eine Schere
- einen Satz Bingokarten
- eine Lösungskarte

für drei bis fünf Spieler

So wird gespielt:

1. Der Spielleiter zieht verdeckt ein Kärtchen und zeigt das Verkehrsschild.
2. Jeder Spieler sucht auf seinem Bingoplan nach der Bedeutung des gezeigten Schilds. Wer die Bedeutung auf seinem Plan notiert hat und sie zuerst findet, bekommt das Kärtchen und legt es auf das entsprechende Feld. Ist die Antwort falsch, hat ein zweiter Spieler die Chance, die Karte zu bekommen. Ansonsten wird das Kärtchen zurückgelegt und der Spielleiter nimmt eine neue Karte.
3. Der Spieler, der zuerst eine senkrechte, waagrechte oder diagonale Reihe mit Karten belegen kann, ruft „Bingo!“ und hat die Runde gewonnen. Wer die meisten Runden gewinnt, ist Sieger!

✂

Lösungskarte

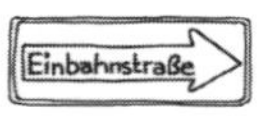

Einbahnstraße

 Achtung, Radfahrer!

 Achtung, Ampel!

 Vorfahrt gewähren!

 Verbot für Fahrräder

 Gehweg

 Fußgängerüberweg

 Achtung, Kinder!

 Radweg

 Rechts fahren

 Vorfahrt an der nächsten Kreuzung

 Getrennter Rad- und Gehweg

 Geradeaus oder rechts fahren

 Verbot für Fahrzeuge aller Art

 Gemeinsamer Geh- und Radweg

 Achtung, unbeschrankter Bahnübergang!

 Vorfahrtsstraße

 Verbot der Einfahrt

 Achtung, Baustelle!

 Achtung, unebene Fahrbahn!

Halt, Vorfahrt gewähren!

 Vorrang vor dem Gegenverkehr

 Haltestelle

 Achtung, verengte Fahrbahn!

 Verkehrsberuhigter Bereich

Verkehrszeichenbingo (2)

Schilder-Lernscheibe

✂

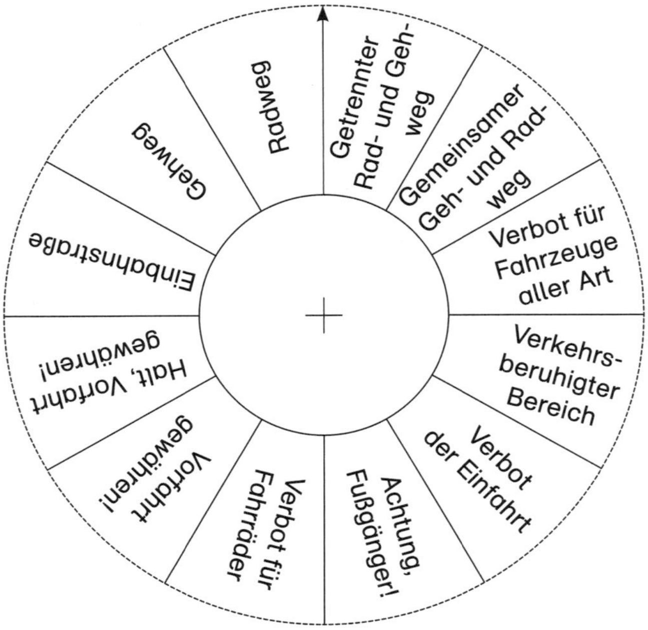

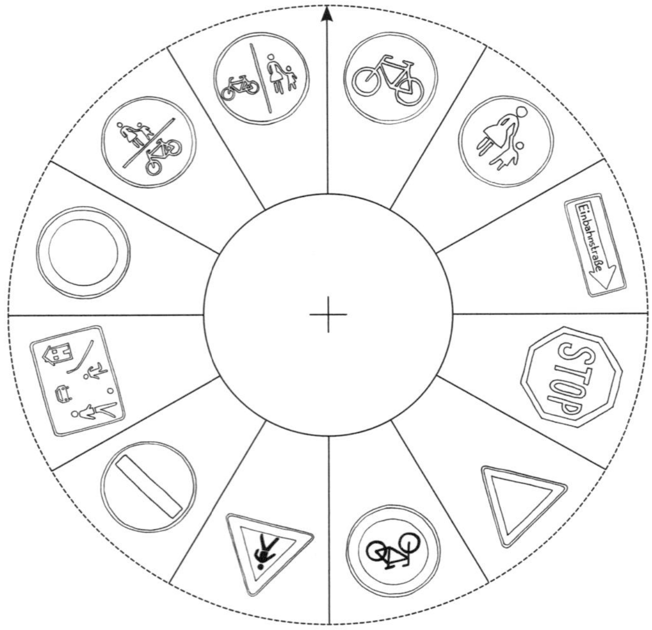

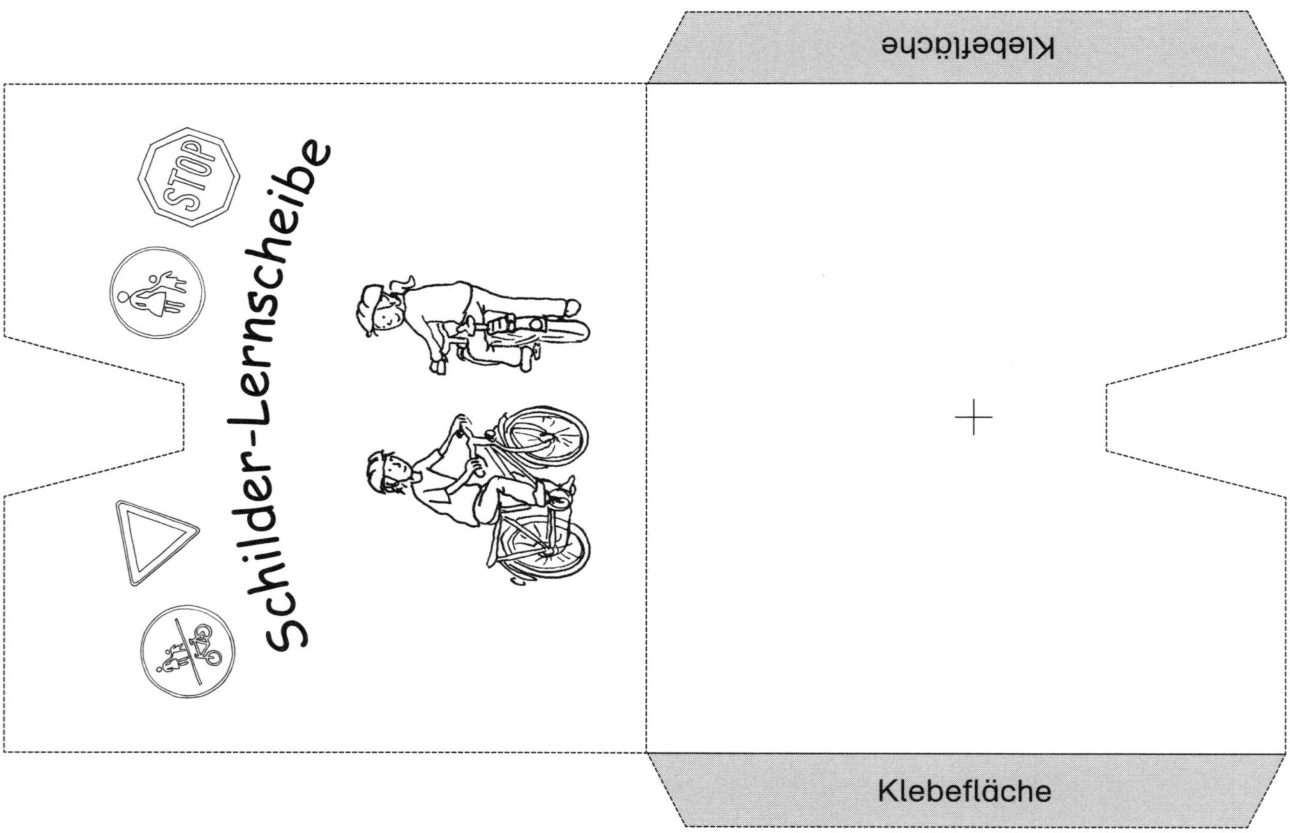

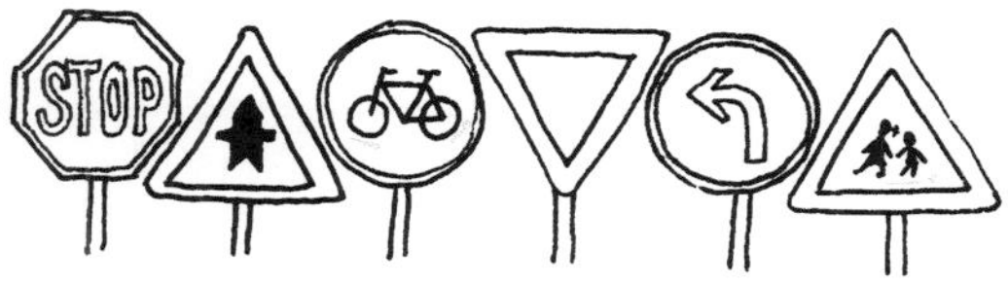

Schilderquartett (1)

Ihr braucht:
- Buntstifte
- Schere

für mindestens drei Spieler

Vorbereitung:
Malt einen Kartensatz passend an und schneidet die einzelnen Karten sorgfältig aus.

So geht's:
1. Mischt die Karten und verteilt sie an die Mitspieler.
2. Der Spieler links vom Kartengeber beginnt das Spiel. Er fragt einen beliebigen Mitspieler nach einer Karte, die er für ein Quartett brauchen könnte, z. B. nach dem Gebotszeichen „Radweg“.
3. Hat der befragte Mitspieler die gesuchte Karte, so muss er sie dem Fragenden geben. Dieser darf so lange weiterfragen, bis ein Spieler die gewünschte Karte nicht hat. Dann ist er an der Reihe.
4. Wenn ein Spieler ein vollständiges Quartett besitzt, legt er es offen vor sich ab. Wer keine Karten mehr auf der Hand hat, muss das Ende des Spiels abwarten. Sein linker Nachbar darf weiterfragen.
5. Das Spiel endet, wenn die Karten aufgebraucht und alle Quartette abgelegt sind.

Gewinner ist, wer am meisten Quartette sammeln konnte.

A

Hinweiszeichen

Fußgängerüberweg

B

Hinweiszeichen

Sackgasse

C

Hinweiszeichen

Vorrang vor dem Gegenverkehr

Schilderquartett (2)

✂

D

Hinweiszeichen

Verkehrsberuhigter Bereich

A

Gefahrzeichen

Achtung, Baustelle!

B

Gefahrzeichen

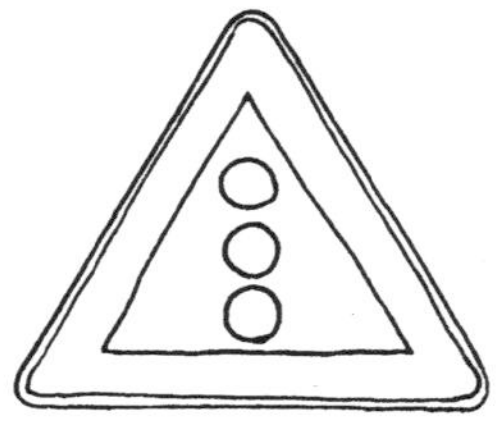

Achtung, Ampel!

C

Gefahrzeichen

Achtung, Gefahrenstelle!

D

Gefahrzeichen

Achtung, unbeschrankter Bahnübergang!

A

Verbotszeichen

Verbot für Fahrräder

B

Verbotszeichen

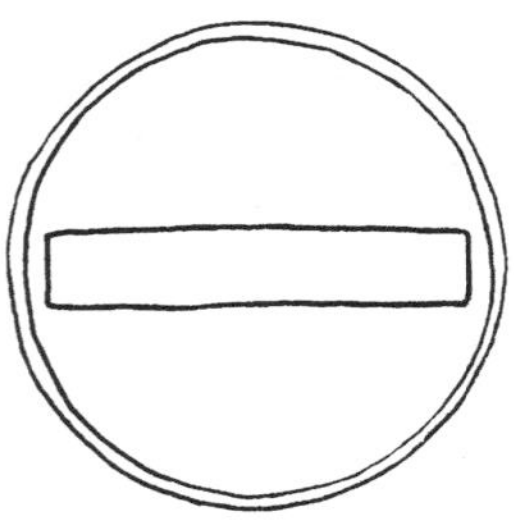

Verbot der Einfahrt

C

Verbotszeichen

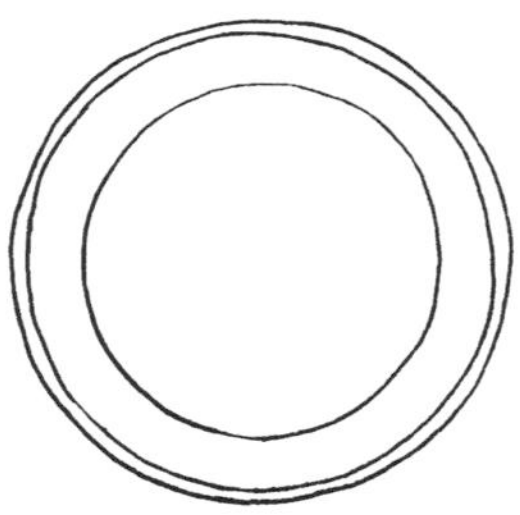

Verbot für Fahrzeuge aller Art

D

Verbotszeichen

Verbot für Fußgänger

Schilderquartett (3)

✂

A

Gebotszeichen

Radweg

B

Gebotszeichen

Geradeaus oder rechts fahren

C

Gebotszeichen

Gemeinsamer Geh- und Radweg

D

Gebotszeichen

Gehweg

A

Vorfahrtszeichen

Halt, Vorfahrt gewähren!

B

Vorfahrtszeichen

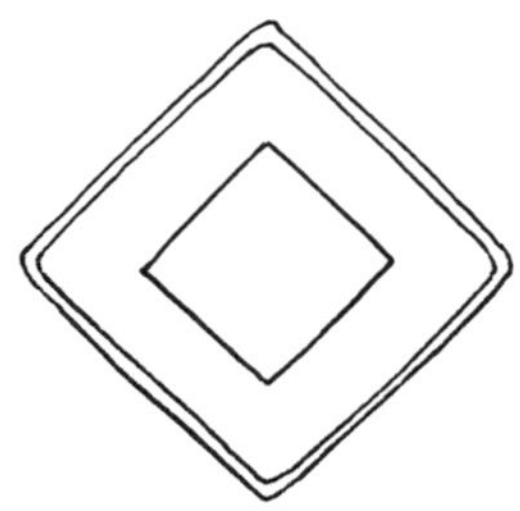

Vorfahrtsstraße

C

Vorfahrtszeichen

Vorfahrt an der nächsten Kreuzung

D

Vorfahrtszeichen

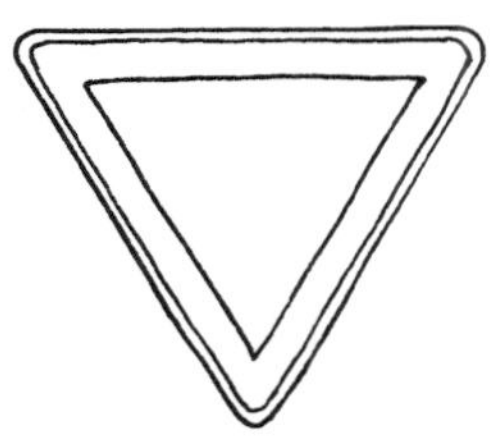

Vorfahrt gewähren!

Name:

Fahrbahnmarkierungen

Auf der Straße gibt es verschiedene Markierungen: die Fahrbahnmarkierungen.
Trage die richtigen Begriffe in die Lücken ein.

durchgezogene Fahrstreifenbegrenzung | Sperrflächen | Haltlinie

Pfeilmarkierungen | Fußgängerüberweg | einseitige Fahrstreifenbegrenzung

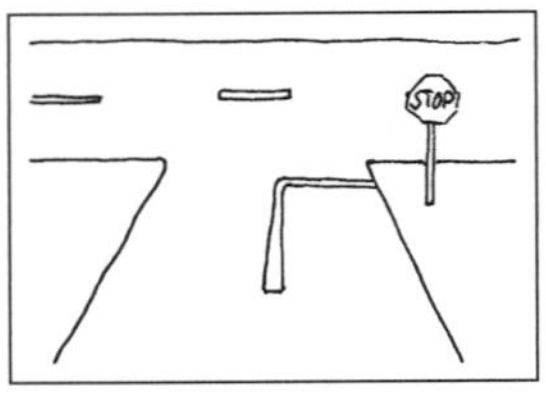

Vor der ______________________ musst du anhalten, einen Fuß auf die Fahrbahn stellen und die Vorfahrt beachten.

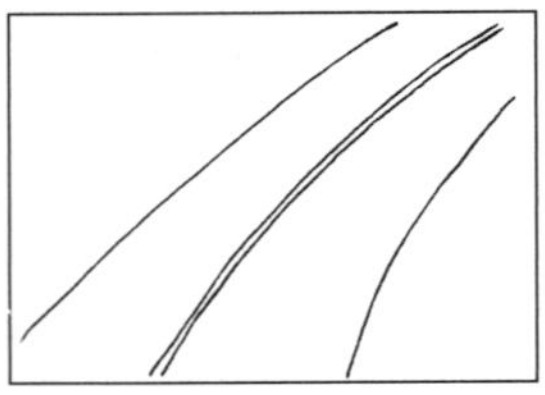

Die ______________________________________ darfst du nicht überfahren.

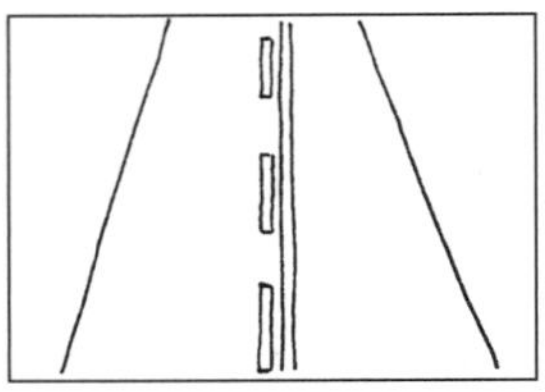

Die ______________________________________ darfst du nur von der Seite überfahren, die nicht durchgezogen ist.

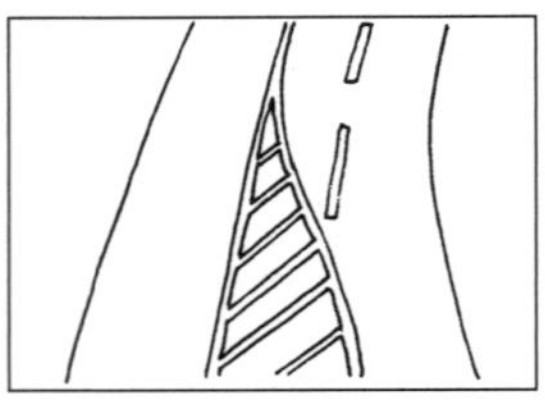

______________________________ darfst du nicht überfahren.

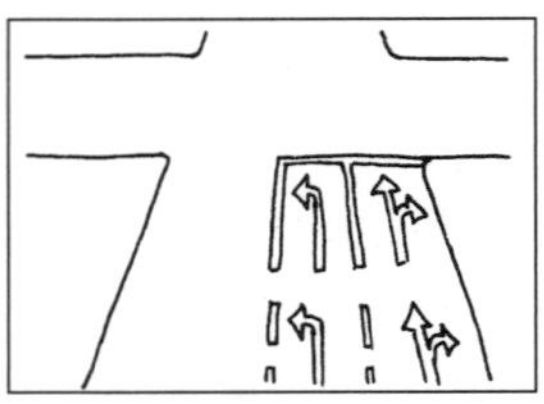

Gibt es ______________________, musst du dich rechtzeitig einordnen. Nach dem Einordnen darfst du nur in Pfeilrichtung weiterfahren.

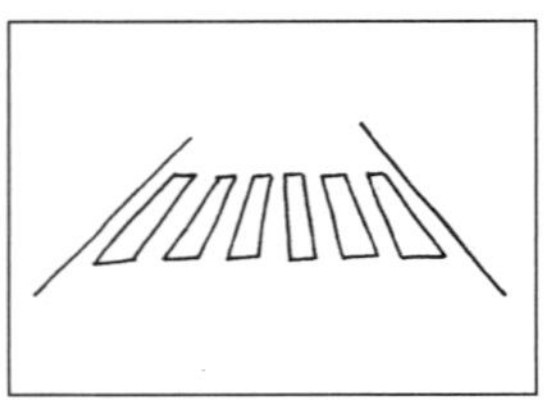

Am ______________________________ haben Fußgänger Vorrang.

Einen Verkehrsteppich basteln

Stadtplan

Ihr braucht:

- ein altes Leintuch
- eine Schere
- einen Bleistift
- Stofffarben, Stoffstifte

So geht's:

1. Schneidet das alte Leintuch auf die Größe zu, die ihr braucht.
2. Überlegt euch, wie ihr den Verkehrsteppich einteilen möchtet.
   Zeichnet grob mit dem Bleistift vor:
   – Wie sollen die Straßen verlaufen? Wo sind Zebrastreifen oder Ampeln?
   – Wo sollen Gebäude, z. B. Schulen, Kirchen, Sportplätze oder Bahnhöfe, entstehen?
   – Wo möchtet ihr Parkanlagen, einen Fluss oder Brücken unterbringen?
3. Bemalt das Leintuch nach eurer Vorstellung mit den Stofffarben.
4. Für die Parkanlagen könnt ihr auch Wiesen und Büsche aus Stoffresten oder Filz basteln und aufkleben.

Verkehrszeichen

Ihr braucht:

- Buntstifte
- Pappe
- eine Schere
- Schaschlikspieße
- Klebeband
- Knete
- kleine Fahrzeuge, z. B. Spielzeugautos

So geht's:

1. Malt die Verkehrsschilder und Ampeln, die ihr braucht, auf Pappe und schneidet sie aus.
2. Für alle Ampeln und Schilder braucht ihr jeweils einen Ständer. Kürzt hierfür die Schaschlikspieße passend und befestigt sie anschließend mit Klebeband von hinten an den Verkehrszeichen.
3. Formt aus Knete kleine Klötze und steckt die fertigen Verkehrszeichen hinein. Platziert sie passend auf eurem Teppich.
4. Nun könnt ihr auf eurem Verkehrsteppich verschiedene Verkehrssituationen nachstellen und Vorfahrtsregeln trainieren. Besorgt euch hierfür Spielzeugautos und bastelt Fahrräder und Fußgänger, z. B. aus Knete oder Kastanien.

Viel Spaß!

Name:

Schilder-Sudoku

Jedes Verkehrszeichen-Sudoku besteht aus vier Blöcken mit jeweils vier Feldern.
Ziel des Spiels ist es, alle Felder mit den abgebildeten Formen auszufüllen.

Fülle die Felder so aus, dass …

- in jedem Block vier verschiedene Formen vorhanden sind,
- jede Form nur einmal in jeder Spalte vorkommt,
- jede Form nur einmal in jeder Zeile auftaucht.

Tipp: Male die Formen mit unterschiedlichen Farben an.

1.

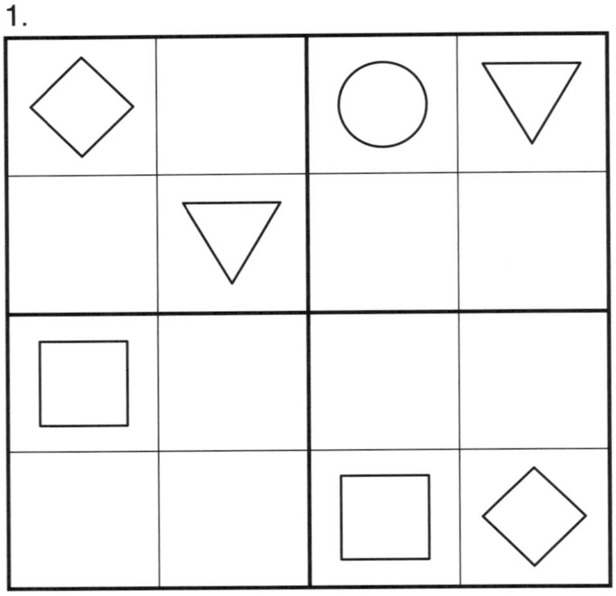

2.

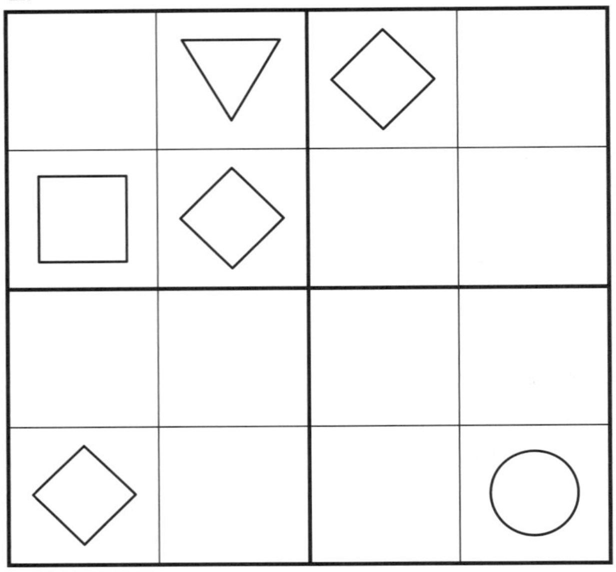

3.

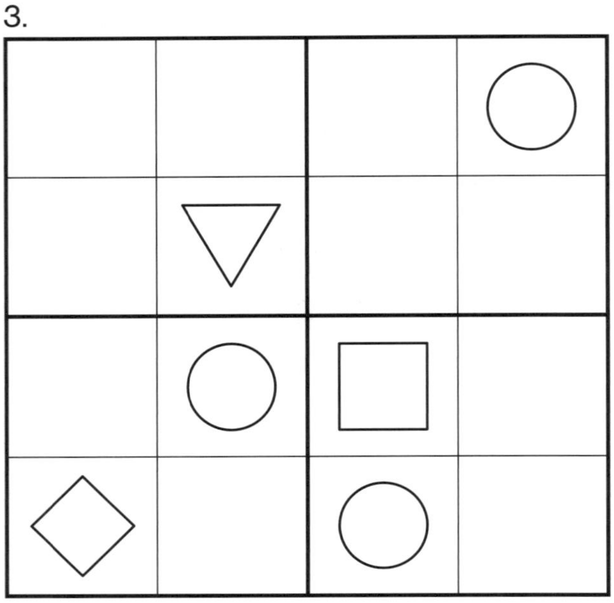

4.

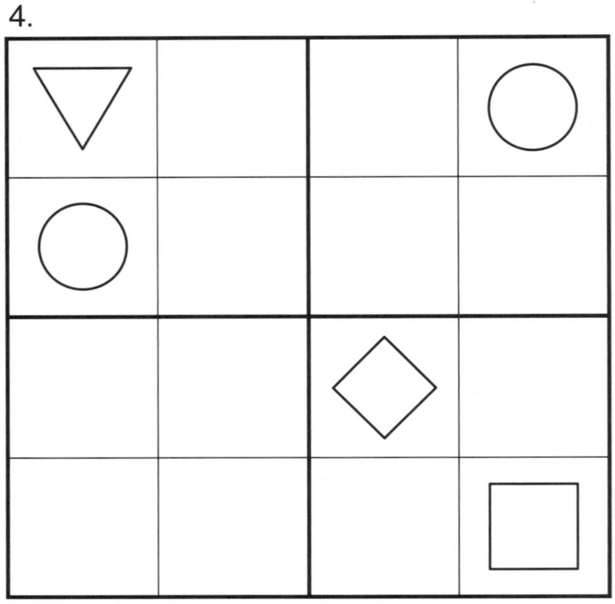

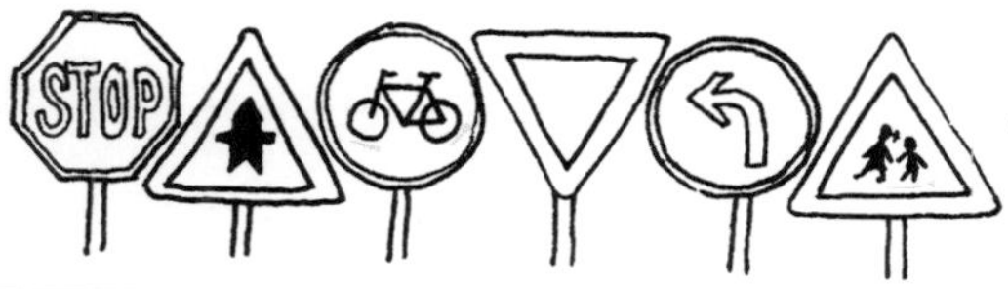

Name:

Mandala mit Verkehrszeichen

Male das Mandala mit den richtigen Farben an.

5. Kapitel: Unterwegs im Straßenverkehr

Vorbemerkung

Angemessenes Verhalten im Straßenverkehr kann nicht auf das Einhalten von Regeln begrenzt werden. Deshalb befasst sich dieses Kapitel, neben festgelegten Handlungs- und Bewegungsabläufen, insbesondere mit dem Erkennen von Gefahren, mit rücksichtsvollem und partnerschaftlichem Verhalten sowie mit Verantwortungsbewusstsein und dem Verzicht auf Vorrechte. Auf den Kopiervorlagen und im Lehrerteil finden Sie Tipps sowie praktische Übungen und Spielformen zu den wichtigsten theoretischen Grundlagen und Bewegungsabläufen, die Sie im Klassenzimmer oder auf dem Schulhof mit den Schülern durchführen können.

Lehrplanbezug

Sachunterricht

- Einsicht in verschiedene Regelsysteme gewinnen
- Verkehrsschilder und -regeln kennen
- Fehlverhalten erkennen
- Richtiges Anfahren lernen
- Sicherheitsabstände kennen
- Ein Hindernis richtig umfahren können
- Abbiegevorgänge sicher beherrschen
- Für Schutz und Sicherheit sorgen
- Vorfahrtsregelungen kennen
- Gefahren kennen
- Verkehrssituationen wahrnehmen und einschätzen
- Partnerschaftliches Verhalten erproben

Deutsch

- Unterschiedliche Textsorten kennen und mit ihnen umgehen
- Anhand einer Fabel Verhaltensweisen im Verkehr ableiten

Sport

- Wahrnehmung, Orientierung und Reaktionsfähigkeit schulen
- Gleichgewichts- und Bewegungsfähigkeit trainieren
- Übungen im Schonraum durchführen

Zu den Kopiervorlagen

Straßenverkehrs-Ordnung (StVO)
§ 1 Grundregeln
(1) Die Teilnahme am Straßenverkehr erfordert ständige Vorsicht und gegenseitige Rücksicht.
(2) Jeder Verkehrsteilnehmer hat sich so zu verhalten, dass kein anderer geschädigt, gefährdet oder mehr, als nach den Umständen unvermeidbar, behindert oder belästigt wird.

KV Seite 97

Die beiden Ziegen – Eine Fabel

Malen Sie die Brücke und den Fluss vor dem Lesen der Fabel an die Tafel oder auf Folie. Lesen Sie die Fabel einmal vor und lassen Sie die Schüler anschließend die Situation darstellen und fertig zeichnen. Gäbe es eine andere Lösung für das Problem der Ziegen, als es in der Fabel beschrieben ist? Stellen Sie den Transfer zur Lebenswirklichkeit der Schüler her, indem Sie diese nach ähnlichen Erlebnissen oder Beobachtungen fragen und Beispiele an der Tafel festhalten.

Erarbeiten Sie anschließend den Bezug zum Straßenverkehr und gehen Sie auf die weitgehende Vermeidung von Konfliktsituationen im Verkehrsgeschehen durch Zeichen und Regeln ein. Besprechen Sie § 1 der StVO im Hinblick auf die Fabel. Vertiefend können Sie mit der Klasse die allgemeinen Merkmale einer Fabel herausstellen und die Schüler einen neuen Schluss finden lassen.

Lösung

Aufgabe 2:
z. B. stur, rücksichtslos, hartnäckig, dickköpfig, unnachgiebig

Aufgabe 3:
Der Klügere gibt nach.

Aufgabe 4:
☒ Verkehrszeichen, die die Vorfahrt regeln
☒ gegenseitige Rücksichtnahme aller Verkehrsteilnehmer
☐ viele Einbahnstraßen
☒ vorausschauendes Fahren
☒ Verkehrsregeln
☐ stabile Fahrzeuge

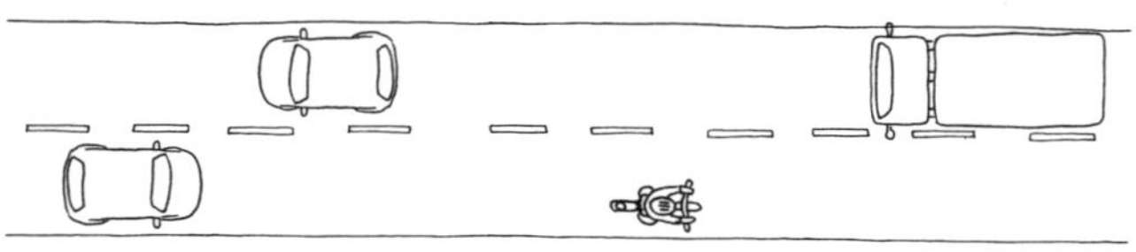

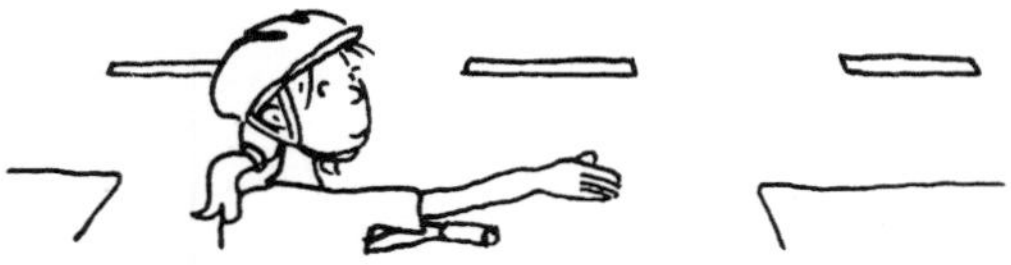

Weiterführende Anregungen

- Lassen Sie die Schüler die Situation, in der sich die Ziegen befinden, in einem Rollenspiel nachspielen. Führen Sie dazu ein Konfliktgespräch.
- In Partnerarbeit können die Schüler eine ähnliche Fabel verfassen, die zur selben Lehre passt. Protagonisten und Handlungsablauf sollten jedoch variieren.

KV Seite 98

So nicht!

Diese Kopiervorlage zielt auf das Erkennen von Gefahren und Fehlverhalten anderer Verkehrsteilnehmer sowie auf das Einhalten von bestimmten Regeln ab. Erkennen die Schüler auf Anhieb alle Fehler? Besprechen Sie anschließend, warum die Situationen gefährlich sind und welche Konsequenzen das jeweilige Verhalten haben kann. Weisen Sie auch darauf hin, dass die Mitnahme weiterer Personen auf dem Fahrrad laut Straßenverkehrsordnung nicht gestattet ist. Es dürfen nur Kinder unter sieben Jahren mitgenommen werden, wenn diese durch einen entsprechenden Sitz gesichert sind. Der Fahrer muss mindestens 16 Jahre alt sein.

Lösung

Aufgabe 1:

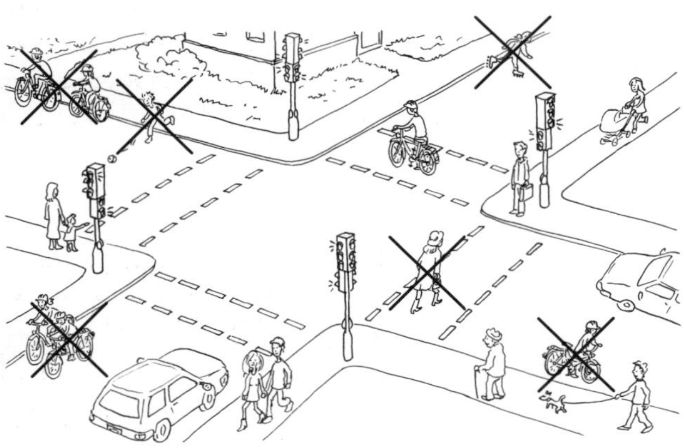

Aufgabe 2:

Achte beim Radfahren immer auf den Sicherheitsabstand. – Gehe nicht achtlos über die Straße. – Spielen auf der Straße ist verboten. – Gehe nie bei Rot über die Ampel. – Fahrt mit euren Fahrrädern nicht nebeneinander auf der Straße. – Die Mitnahme weiterer Personen auf deinem Fahrrad ist verboten.

KV Seite 99

Bahn frei?

Auch das Starten in den Verkehr, das Verlassen eines Grundstücks und das richtige Anfahren am Straßenrand folgen bestimmten Regeln und müssen geübt werden. Mit dem Lernfächer können die Kinder üben und regelmäßig ihr Wissen überprüfen. Kopieren Sie deshalb die Vorlage auf stabileres Papier. Die Schüler kleben zuerst die Bilder passend zu den Texten. Anschließend schneiden sie die Streifen an den gestrichelten Linien aus und sortieren sie. Der Streifen mit der Überschrift liegt ganz oben. Links wird nun mit einer Ahle ein Loch in die Streifen gebohrt. Mit einer Musterklammer wird der Fächer dann zusammengeheftet.

Lösung

1.  2.  3. 

4.  5. 

KV Seite 100

Der Anhalteweg

Der Anhalteweg setzt sich aus dem Reaktionsweg und dem Bremsweg zusammen. Um Kindern deutlich zu machen, dass aufmerksames Radfahren wichtig ist, um schnell reagieren und anhalten zu können, bietet es sich an, einführend spielerische Reaktionsübungen mit der Klasse zu machen. Führen Sie beispielsweise bekannte Klatschspiele mit der gesamten Klasse durch, bei denen man nur durch eine schnelle Reaktion bis zum Ende im Kreis bleiben kann. Oder lassen Sie ein senkrecht gehaltenes Lineal auffangen, sobald es losgelassen wird. Lassen Sie dann die Kinder aus dem Gehen, Laufen und schnellen Rennen heraus abrupt anhalten. Die Kinder werden feststellen, dass es selbst als Fußgänger nicht möglich ist, sofort stehenzubleiben. Allgemein kann man sagen: Alles, was sich schnell bewegt, kann nicht sofort anhalten. Bremsübungen mit dem Fahrrad runden das Thema schließlich ab.

Lösung

Aufgabe 1:

Auch mit guten Bremsen kommst du nicht sofort zum Stehen. Taucht plötzlich eine Gefahr auf, vergeht eine Schrecksekunde, bis du reagierst und die Bremsen betätigst. Den Weg, den du in dieser Sekunde zurücklegst, nennt man Reaktionsweg.

Hinzu kommt der Weg, den du vom Betätigen der Bremse bis zum Stillstand zurücklegst. Das ist der eigentliche Bremsweg.

Beides zusammen nennt man den Anhalteweg. Je schneller ein Fahrzeug fährt, desto länger ist sein Anhalteweg.

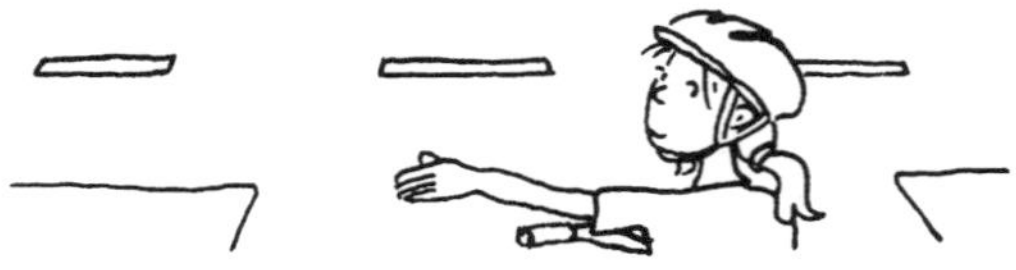

Aufgabe 2:

☒ Laub oder Sand auf der Fahrbahn
☒ Regenwasser auf der Straße
☒ abgefahrenes Reifenprofil
☒ Schnee oder Matsch auf der Fahrbahn
☐ kaputte Hupe
☐ Sonnenschein
☒ hohe Geschwindigkeit
☐ Bäume am Straßenrand
☐ ein Verkehrsschild

Aufgabe 3:

1. 10 km/h: 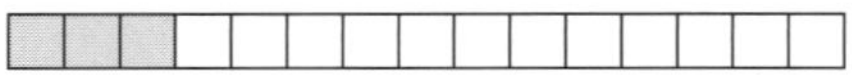

2. 20 km/h: 

KV Seite 101

Sicherheitsabstände

Zum sicheren Bewegen im Verkehr gehört es auch, Sicherheitsabstände einzuhalten. Besprechen Sie hierzu vorab die Regeln. Lassen Sie die Schüler im Klassenzimmer den Sicherheitsabstand zum Fahrbahnrand oder zu einem parkenden Auto simulieren. Gehen Sie darauf ein, warum diese Abstände sinnvoll sind: ein Autofahrer kann plötzlich die Tür öffnen, man kann mit dem Pedal an den Bordstein geraten usw. Besprechen Sie auch den Abstand zu einem vorausfahrenden Radfahrer. Die Übung auf der Kopiervorlage vermittelt hierzu spielerisch das Gefühl für diese Distanz.

Lösung

Aufgabe 1:

Auf unseren Straßen herrscht das ~~Linksfahrgebot~~ / **Rechtsfahrgebot**. Das bedeutet, dass du immer auf der ~~linken~~ / **rechten** Fahrbahnseite fahren musst.
Dabei ist es wichtig, dass du den Sicherheitsabstand zum Fahrbahnrand einhältst. Dieser Abstand sollte ungefähr **eine Armlänge** / ~~zwei Armlängen~~ betragen. Auch von parkenden Autos am Fahrbahnrand musst du diesen Abstand einhalten. Denn es könnte zum Beispiel passieren, dass ein Autofahrer plötzlich die Tür aufmacht, ohne vorher nach hinten zu sehen.
Zu Fahrzeugen, die ~~neben~~ / **vor** dir fahren, musst du einen Sicherheitsabstand von ungefähr **drei** / ~~zwei~~ Fahrradlängen einhalten.

Aufgabe 2:

z. B.

1c: Ich halte zum Fahrbahnrand und zu parkenden Autos eine Armlänge Abstand.

2a: Ich halte zu meinem Vordermann drei Radlängen Abstand.

KV Seite 102

Ein Autofahrer sieht nicht alles

Immer wieder kommt es zu schweren Verkehrsunfällen, weil vor allem Lkw- und Busfahrer beim Abbiegen Fußgänger oder Radfahrer übersehen, die sich im „toten Winkel" befinden.

Machen Sie den Schülern klar, dass sie an der Kreuzung lieber hinter einem Bus oder Lkw warten sollen, bis keine Gefahr mehr besteht.

Lösung

Aufgabe 1:

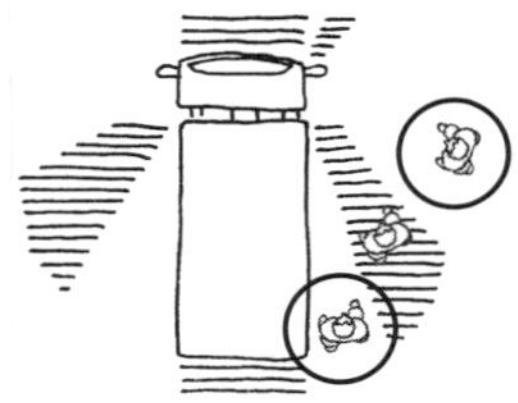

Aufgabe 2:

Der tote Winkel ist der Bereich, den der Fahrer trotz Spiegel nicht sehen kann. Merke dir: Wenn du den Fahrer nicht sehen kannst, dann kann er dich auch nicht sehen.

Aufgabe 3:

z. B. Ich muss damit rechnen, dass der Lkw-Fahrer mich nicht sieht, weil ich im toten Winkel bin. Biegt der Lkw nach rechts ab, kann es sein, dass der Anhänger nahe an den Bordstein kommt und mich erfasst. Deshalb warte ich lieber, bis der Lkw abgebogen ist.

Weiterführende Anregung

Überprüfen Sie mit der Klasse die toten Winkel eines Autos. Stellen Sie dafür ein Auto auf den Schulhof. Ein Kind setzt sich auf den Fahrersitz, die anderen verteilen sich rund um das Auto. Welche Kinder kann der „Fahrer" sehen und welche Kinder befinden sich im toten Winkel? Die Kinder malen ihre Ergebnisse anschließend auf.

KV Seite 103

Wie komme ich hier vorbei?

Fragen Sie Ihre Schüler, auf welche Hindernisse man im Straßenverkehr stoßen kann. Baustellen oder parkende Autos stellen häufig solche Hindernisse dar. Radfahrer können ihre Spur nicht durchgehend benutzen und müssen auf die Gegenfahrbahn ausweichen. Dabei müssen sie gewisse Punkte beachten. Üben Sie den Ablauf mit den Schülern auf dem Schulhof.

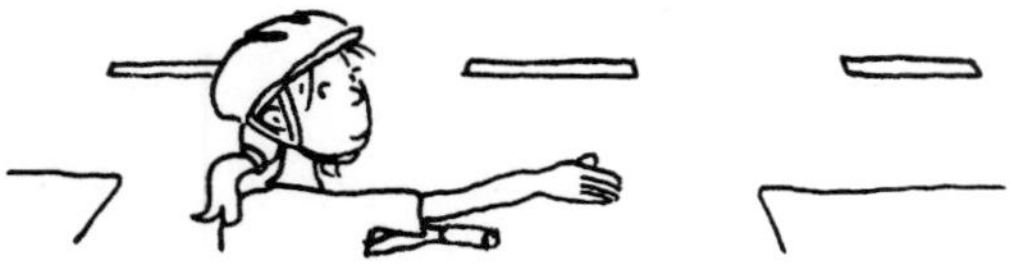

Lösung

Aufgabe 1:

1. Links umschauen
2. Handzeichen links
3. Einordnen zum Sichtpunkt und Gegenverkehr vorbeilassen
4. Nochmals umschauen
5. Vorbeifahren und Sicherheitsabstand beachten
6. Handzeichen rechts
7. Einordnen und rechts weiterfahren

Aufgabe 2:

Hier hast du Vorrang vor dem Gegenverkehr.

Hier hat der Gegenverkehr Vorrang.

Achtung, hier kann es rutschig sein!

Achtung, die Fahrbahn wird uneben!

Achtung, die Fahrbahn wird enger!

Hier musst du links an der Baustelle vorbeifahren.

KV Seite 104

Vorfahrtsregel „rechts vor links"

Erarbeiten Sie das richtige Verhalten vor Kreuzungen: rechtzeitiges Überprüfen der Vorfahrtsregelung, vor der Kreuzung bzw. Einmündung Geschwindigkeit reduzieren, bremsbereit sein und verfolgen, ob ein wartepflichtiges Fahrzeug hält, die Kreuzung bzw. Einmündung dann zügig überqueren. Die Schüler sollen dafür sensibilisiert werden, dass sie sich nicht darauf verlassen dürfen, von anderen Verkehrsteilnehmern gesehen zu werden. Jeder muss vorausschauend fahren und im Zweifelsfall abbremsen oder anhalten.

Die Rechts-vor-links-Regel kann mit einer aufgezeichneten Kreuzung auf einem Blatt oder an der Tafel spielerisch geübt werden. Dafür verwenden die Schüler am besten einen Stift und bewegen sich damit über die Kreuzung. Die leere Straße kann auch auf den Schulhof gezeichnet und mit Fußgängern durchlaufen werden.

Lösung

Aufgabe 1:

Rot: Ich muss anhalten, wenn von mir aus gesehen ~~niemand~~/ **jemand** von rechts kommt.

Grün: Ich darf fahren, wenn von mir aus gesehen **niemand**/ ~~jemand~~ von rechts kommt.

Aufgabe 2:

Aufgabe 3:

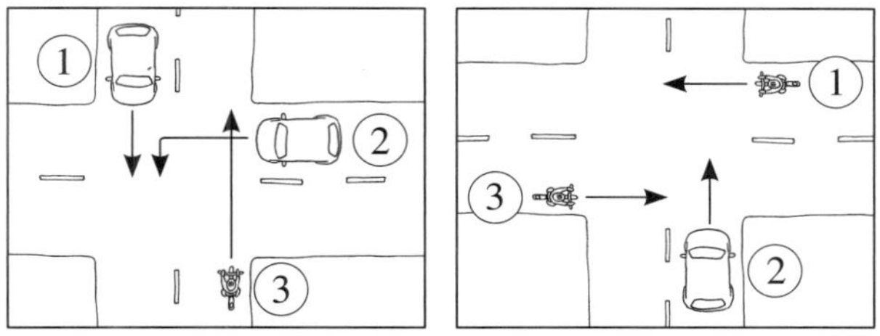

KV Seite 105

Vorfahrtsregelung durch Schilder

Die Vorfahrt im Verkehr wird häufig durch Schilder geregelt. Die wichtigsten davon müssen die Schüler kennen. Lassen Sie diese für das Klassenzimmer oder den Schulhof basteln. Sie können dann während der gesamten Verkehrserziehung darauf zurückgreifen und diese für vielfältige Übungsformen einsetzen. Das vierte Kapitel behandelt alle wichtigen Schilder.

Lösung

Aufgabe 1:

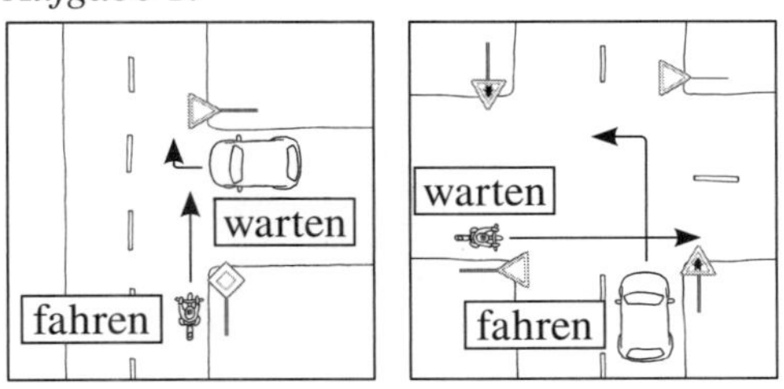

Aufgabe 2:

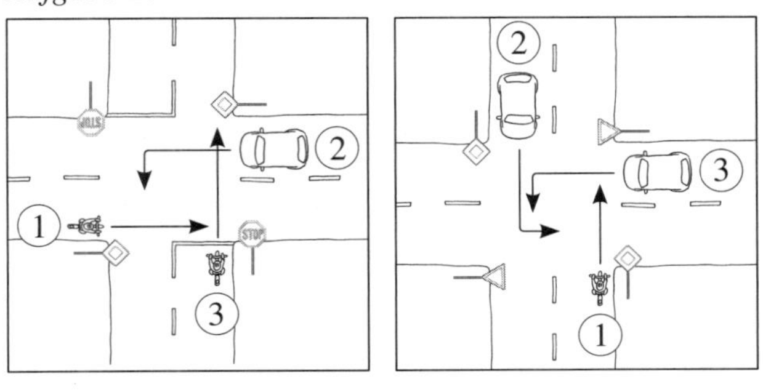

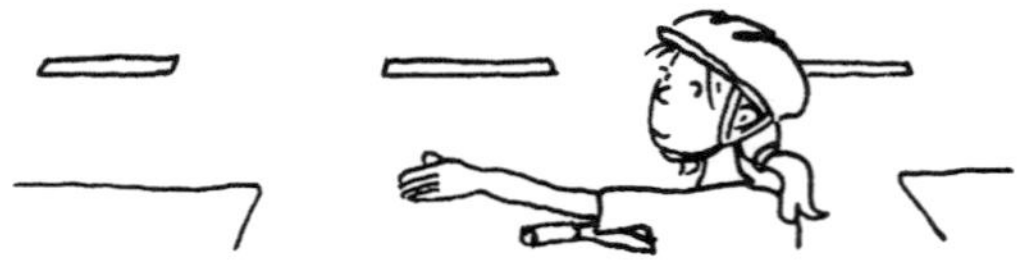

KV Seite 106

Abknickende Vorfahrtsstraße

Trainieren Sie auch hier die speziellen Vorfahrtsschilder durch praktische Übungen im Schonraum. Berücksichtigen Sie alle möglichen Variationen dieser Zusatzschilder und lassen Sie die Schüler aus verschiedenen Richtungen auf die Kreuzung zufahren.

Lösung

Aufgabe 1:

Ich fahre auf der Vorfahrtsstraße. Der breite schwarze Balken zeigt ihren Verlauf an.

Ich muss die Vorfahrt beachten. Die Fahrzeuge, die dem breiten Balken folgen, befinden sich auf der Vorfahrtsstraße.

Aufgabe 2:

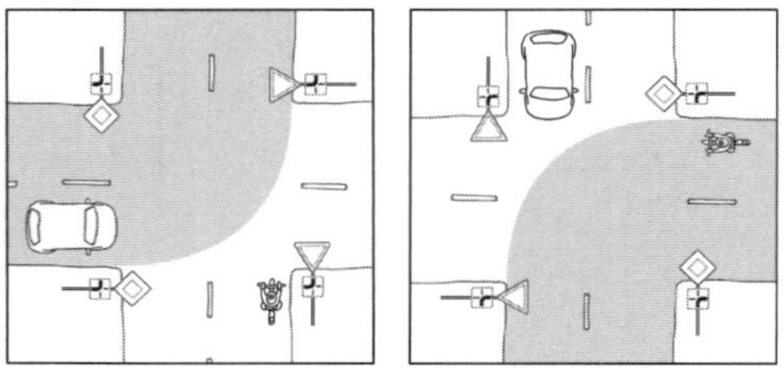

Aufgabe 3:

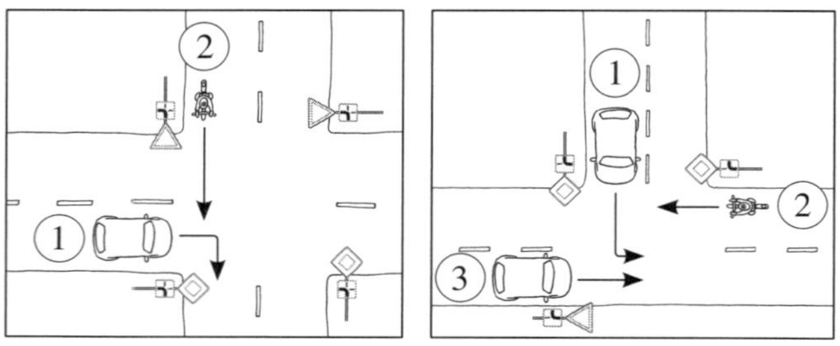

KV Seite 107

Vorfahrtsregelung durch Ampeln

Ampelzeichen kennen die Schüler schon von der Fußgängerampel. Erarbeiten Sie insbesondere den Unterschied zwischen „Rot-Gelb“ und „Gelb“. Besprechen Sie auch die Bedeutung eines gelben Blinklichts.

Lösung

Aufgabe 2:

GRÜN: Ich darf fahren.

GELB: Ich muss anhalten, denn gleich wird die Ampel rot.

ROT: Ich muss sofort anhalten und warten.

ROT-GELB: Ich mache mich bereit zum Weiterfahren, denn gleich wird die Ampel grün.

Weiterführende Anregung

Spielen Sie das Ampelspiel mit der Klasse. Alle verteilen sich im Raum. Der Spielleiter steht auf einem Stuhl, sodass jedes Kind ihn gut sehen kann. Er hält nun ein farbiges Tuch oder Papier nach oben: Grün = Alle laufen frei umher, ohne sich gegenseitig zu berühren. Gelb = Alle gehen in die Hocke. Rot = Alle setzen sich sofort im Schneidersitz auf den Boden. Rot und Gelb gleichzeitig = Alle nehmen die Startposition ein. Wechseln Sie den Spielleiter durch.

KV Seite 108

Vorfahrtsregelung durch den Verkehrspolizisten

Die Verkehrsregelung durch einen Polizisten ist relativ selten, sollte den Kindern aber dennoch bekannt sein. Mithilfe der Ampelschnur werden die einzelnen Zeichen des Polizisten durch die Ampelzeichen visualisiert und können so leicht gelernt werden. Dafür malen die Schüler die verschiedenen Ampelzeichen an und schneiden anschließend alle Kreise aus. Dann kleben sie jeweils eine Ampel mit dem passenden Polizisten gegeneinander auf eine Schnur. Am besten in der Reihenfolge Grün, Gelb, Rot, Rot-Gelb. Üben Sie die Handzeichen des Polizisten auch durch praktische Übungen im Klassenzimmer oder auf dem Schulhof.

Vertiefend denken sich die Kinder eigene Merksätze zur Verkehrsregelung durch einen Polizisten aus und schreiben diese auf ein Plakat, das im Klassenzimmer aufgehängt wird.

Lösung

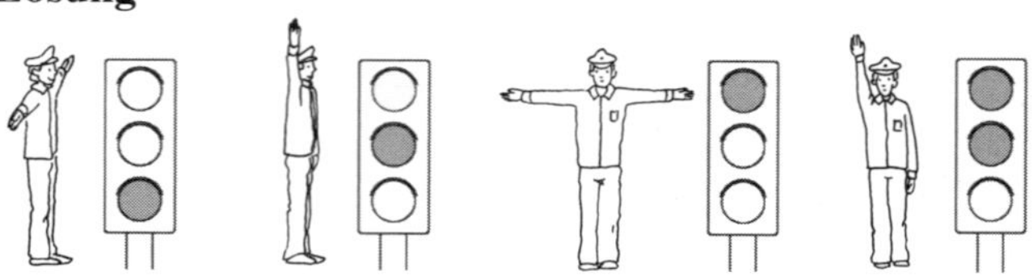

KV Seite 109

Welche Zeichen geben dir Vorfahrt?

Mit dieser Kopiervorlage vertiefen die Schüler die Bedeutung der einzelnen Schilder und Zeichen.

Lösung

Aufgabe 2:

Diese Schilder und Zeichen geben Vorfahrt:

KV Seite 110

Rechts abbiegen

Neben den theoretischen Handlungsabläufen muss das Abbiegen mit den Kindern auch immer wieder praktisch geübt werden; sowohl als Trockenübung zu Fuß als auch mit dem Fahrrad auf dem Schulhof.

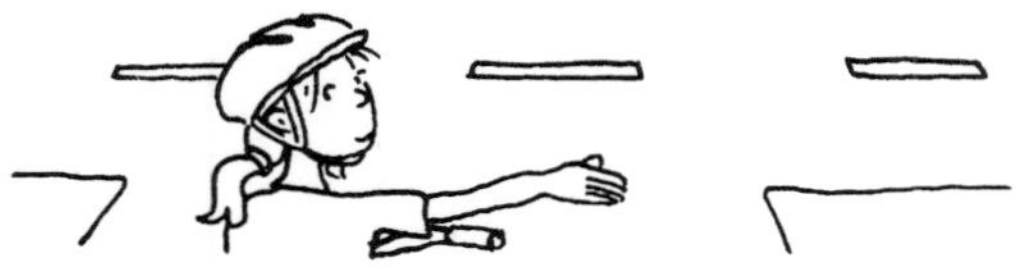

Lösung

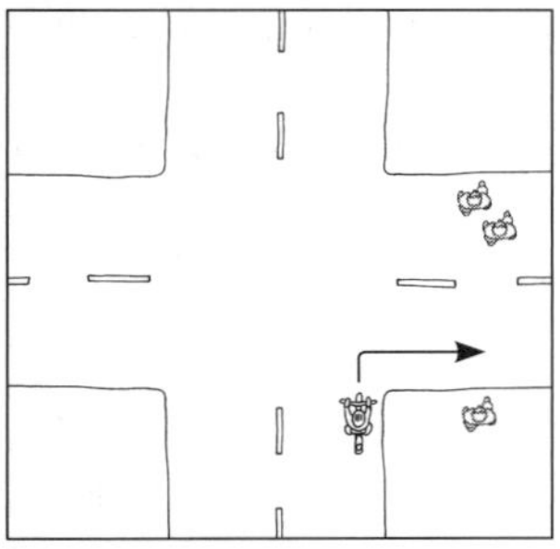

Ich warte, bis alle Fußgänger die Straße überquert haben.

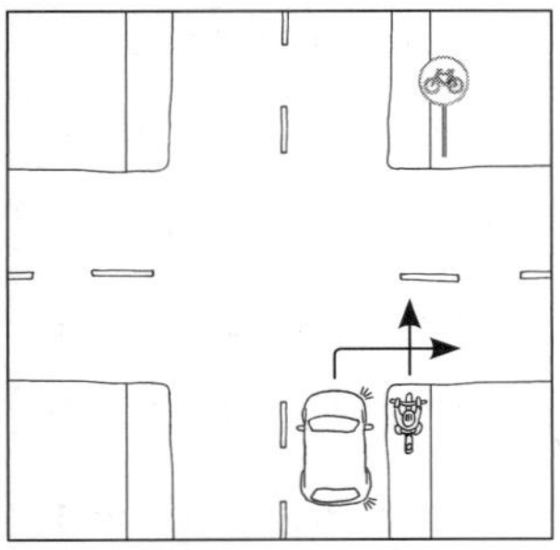

Ich bin bremsbereit, weil der Autofahrer mich übersehen könnte.

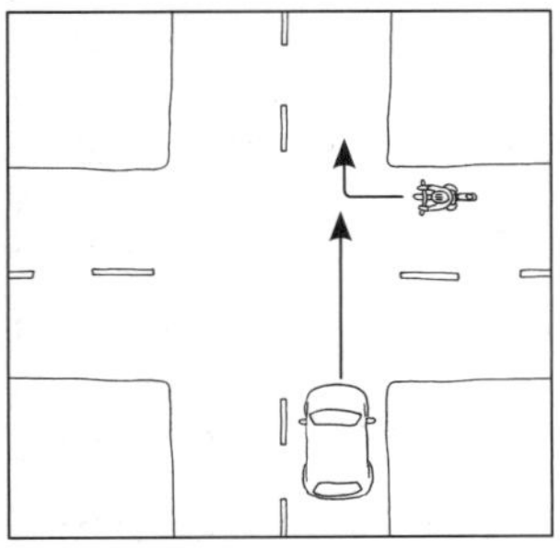

Ich bin bremsbereit, weil der Autofahrer mich übersehen könnte. Deshalb nehme ich Blickkontakt mit ihm auf.

Links abbiegen

KV Seite 111

Das Linksabbiegen ist die schwerste und wichtigste Übung für einen Radfahrer. Stellen Sie den Vorgang deshalb auf viele verschiedene Weisen dar, z. B. mit Fahrzeugen auf dem selbst gebastelten Verkehrsteppich (siehe KV Seite 86) oder an der Tafel. Üben Sie auf dem Schulhof zu Fuß, mit dem Roller und erst anschließend mit dem Fahrrad.

Lösung

Aufgabe 1:

Umschauen (A)
Handzeichen geben (B)
Einordnen (B)
Gegenverkehr beachten (I)
Noch einmal umschauen (E)
In großem Bogen abbiegen (G)
Fußgänger vorbeilassen (E)
Rechts weiterfahren (N)

Lösungswort: ABBIEGEN

Aufgabe 2:

Sieh dich nach links hinten um,	damit andere Verkehrsteilnehmer sehen, dass du links abbiegen möchtest.
Gib ein deutliches Handzeichen,	damit der nachfolgende Verkehr rechts vorbeifahren kann.
Ordne dich zur Straßenmitte ein,	um sicherzugehen, dass kein Fahrzeug von hinten kommt.
Beachte den Gegenverkehr,	weil entgegenkommende Fahrzeuge Vorfahrt haben.
Sieh dich noch einmal um,	um keine Fahrzeuge auf der Gegenspur zu behindern.
Biege in großem Bogen ab,	weil nachfolgende Verkehrsteilnehmer gerade überholen könnten.
Achte auf Fußgänger,	die vielleicht die Straße überqueren möchten.

So kannst du auch links abbiegen

KV Seite 112

Linksabbiegen ist schwierig und auf viel befahrenen und gefährlichen Straßen besser zu vermeiden. Die Schüler lernen deshalb auch das sichere oder indirekte Linksabbiegen kennen. Dazu verlassen sie die Straße und überqueren die Kreuzung als Fußgänger. Oder sie fahren geradeaus über die Kreuzung und überqueren die zweite Straße als Fußgänger. Mit der Bearbeitung der Kopiervorlage setzen sich die Schüler noch einmal mit den einzelnen Phasen des sicheren Abbiegens auseinander.

Lösung

Aufgabe 1:

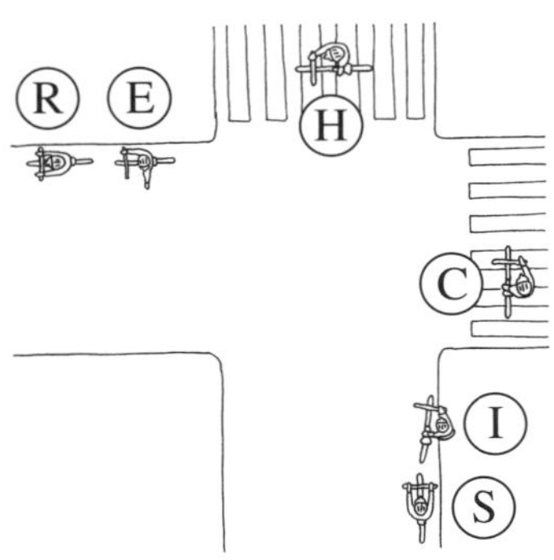

Lösung: Sicher links abbiegen!

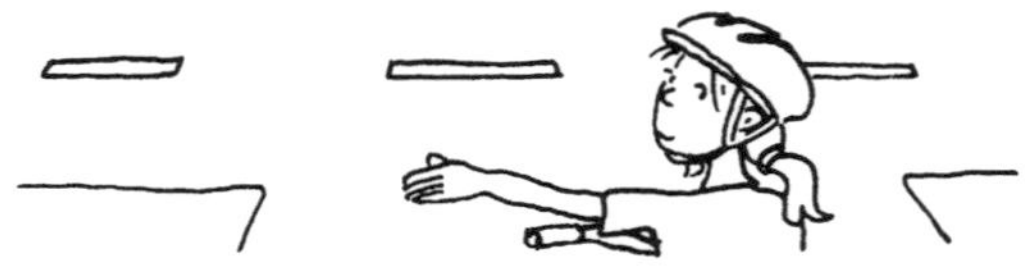

Aufgabe 2:

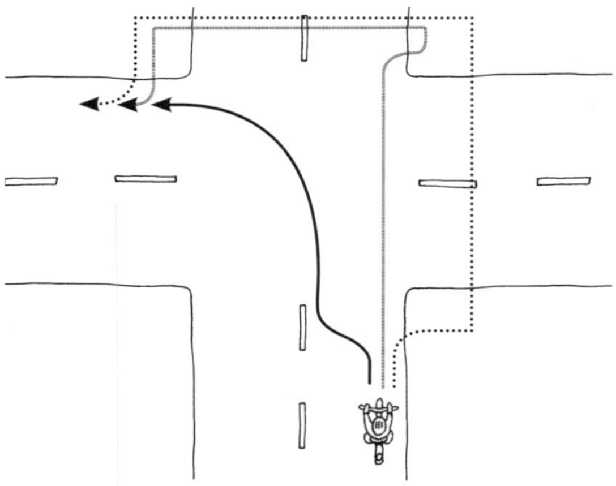

Verhalten in Einbahnstraßen

KV Seite 113

Für Radfahrer ist das entgegengesetzte Einfahren in eine Einbahnstraße häufig aufgrund eines Zusatzschildes erlaubt. Erarbeiten Sie die Besonderheiten und Gefahren beim Benutzen von Einbahnstraßen in regulärer sowie in entgegengesetzter Richtung. Wo gibt es im Einzugsgebiet der Schule Einbahnstraßen?

Lösung

Aufgabe 1:

z. B. Du möchtest aus einer Einbahnstraße links abbiegen. Ordne dich links von der Mitte der Straße ein, damit die folgenden Verkehrsteilnehmer rechts abbiegen können.

Aufgabe 2:

1.

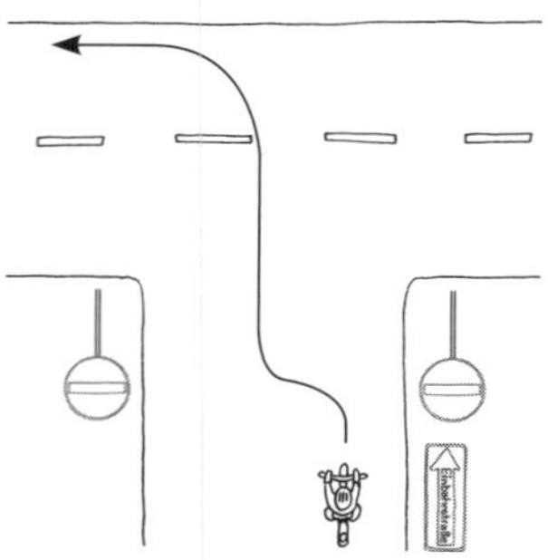

2.

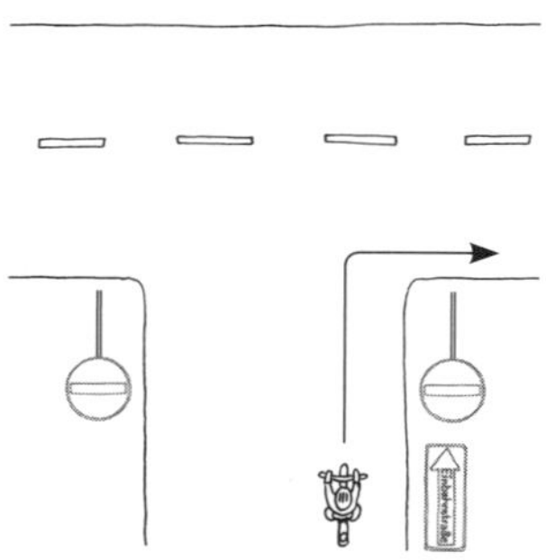

Aufgabe 3:

☒ Hier gilt eine Sonderregelung für Fahrradfahrer.

☐ Der Radfahrer darf nicht in die Einbahnstraße einfahren.

☐ Das Auto fährt falsch. Es darf die Straße in dieser Richtung nicht befahren.

☒ Der Radfahrer darf in die Einbahnstraße einfahren.

Luna fährt zur Schule

KV Seite 114

Dieser Lückentext greift zusammenfassend wichtige Aspekte dieses Kapitels auf. Die Schüler müssen sich beim Lesen in Luna hineinversetzen und sich ihren Weg bildhaft vorstellen.

Lösung

Luna muss in die Schule. Sie schiebt ihr Rad aus der Einfahrt heraus und sieht nach, ob die Straße <u>frei</u> ist. Sie stellt das Fahrrad an den <u>Fahrbahnrand</u>. Nun muss sich Luna noch einmal <u>umschauen</u>. Die Straße ist frei. Deshalb gibt sie ein <u>Handzeichen</u> nach links und fährt los. An der Kreuzung steht dieses Schild: . Luna weiß, dass sie hier auf jeden Fall <u>anhalten</u> und einen <u>Fuß</u> auf die Fahrbahn stellen muss. Wenn alles frei ist, kann sie weiterfahren. Luna muss nun  <u>links</u> abbiegen. An der nächsten Kreuzung sieht sie dieses Schild: . Sie weiß, dass sie hier <u>Vorfahrt</u> hat. Luna fährt weiter geradeaus und sieht schon von Weitem das nächste Schild . Aber die <u>Ampel</u> ist ausgefallen. Ein <u>Polizist</u> steht auf der Kreuzung und regelt den Verkehr. Luna sieht . Deshalb muss sie <u>warten</u>. Es bedeutet das Gleiche wie die Farbe <u>Rot</u> bei der Ampel. Wenn Luna den Polizisten so sieht , darf sie weiterfahren. Und kurz darauf ist schon die <u>Schule</u> in Sicht. Gut gemacht!

Auf Nummer sicher!

KV Seite 115

Fahrradfahrer sind vielen Gefahren ausgesetzt. Betonen Sie, wie wichtig vorausschauendes Fahren und rücksichtsvolles Verhalten im Straßenverkehr sind. Machen Sie die Schüler immer wieder darauf aufmerksam, dass sie im Zweifelsfall besser auf Nummer sicher gehen und anhalten sollen.

Lösung

z. B.

1. Der Autofahrer könnte mich wegen der Hecke übersehen. Ich bin bremsbereit und suche Blickkontakt.

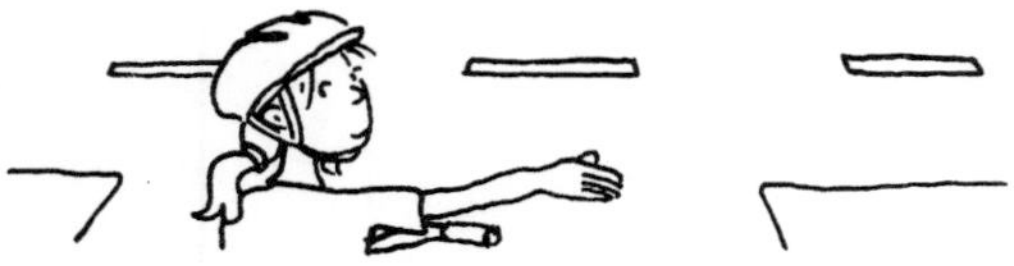

2. Weil der Radweg endet, habe ich keinen Vorrang. Ich halte an und warte, bis die Straße frei ist.
3. Hier könnte gleich ein Zug kommen. Ich muss genau schauen, ob alles frei ist, bevor ich die Schienen überquere.
4. Ein Kind könnte dem Ball hinterher auf die Straße laufen. Ich bin bremsbereit und fahre langsam weiter. Ich mache das Kind gegebenenfalls auf den Verkehr aufmerksam.

KV Seite 116

Vorsicht und Rücksicht

Auch hier beschäftigen sich die Schüler mit dem Erkennen von Gefahren sowie vorsichtigem und rücksichtsvollem Verhalten im Straßenverkehr. Ermöglichen Sie es den Schülern gegebenenfalls, die Verkehrssituationen nachzustellen. Die Aufgabe kann gut in Partnerarbeit gelöst werden, bietet sich aber auch zur Vertiefung in der Freiarbeit oder als Hausaufgabe an.

Lösung

1. vorausschauend fahren, mit Fehlverhalten anderer rechnen, bremsbereit sein
2. rücksichtsvoll fahren, Sicherheitsabstand einhalten, vorausschauend fahren, mit Fehlverhalten anderer rechnen, bremsbereit sein
3. Sicherheitsabstand einhalten, vorausschauend fahren, mit Fehlverhalten anderer rechnen, bremsbereit sein
4. hilfsbereit sein
5. vorausschauend fahren, bremsbereit sein
6. mit Fehlverhalten anderer rechnen, bremsbereit sein

KV Seite 117

Rücksicht auf Fußgänger

Führen Sie den Kindern vor Augen, dass sie auf Fußgänger besondere Rücksicht nehmen müssen. Gehen Sie in diesem Zusammenhang auch auf Kleinkinder, ältere Menschen und Menschen mit Behinderungen ein und arbeiten Sie heraus, aus welchen Gründen auf die jeweiligen Personengruppen besonders geachtet werden muss.

Lösung

Bushaltestelle: Ich halte an und fahre erst weiter, wenn alle Personen ein- und ausgestiegen sind und der Radweg frei ist.

gemeinsamer Geh- und Radweg: Ich muss hier besondere Rücksicht auf die Fußgänger nehmen.

verkehrsberuhigter Bereich: Ich darf hier nicht schneller als Schrittgeschwindigkeit fahren und muss besondere Rücksicht auf Fußgänger und spielende Kinder nehmen.

Fußgängerüberweg: Ich muss hier als Radfahrer anhalten und warten, bis der Fußgänger die Straße überquert hat.

Achtung, Kinder: Ich muss hier besonders auf Kinder achtgeben.

Achtung, Fußgänger: Hier sind Fußgänger unterwegs. Ich muss besonders achtgeben.

Weiterführende Anregung

Die Schüler schreiben ein eigenes Verkehrselfchen und gestalten es beispielsweise als Schild. Die Schilder können auf ein Plakat geklebt und aufgehängt werden.

Beispiel:

Rot
Die Ampel
Das heißt anhalten.
Ich warte auf Grün.
Geduld

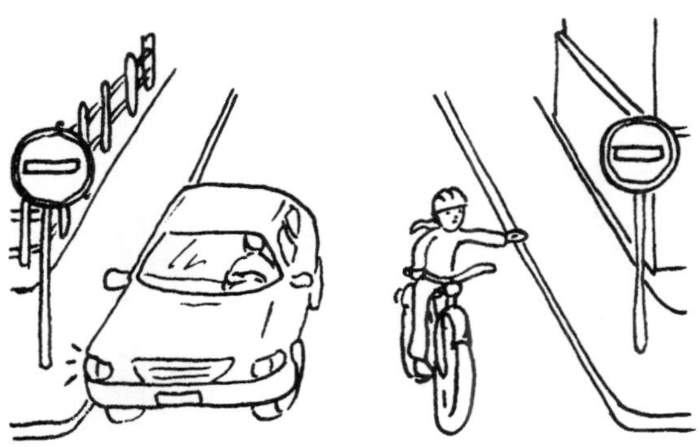

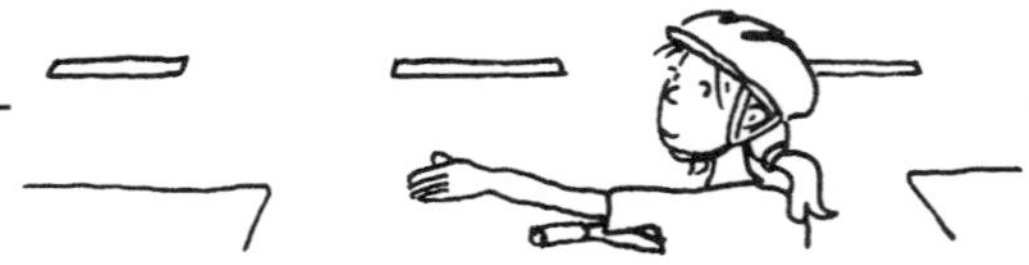

Name:

Die beiden Ziegen – Eine Fabel

Lies die Fabel.

Zwei Ziegen trafen sich auf einer schmalen Brücke, die über einen tiefen Fluss führte. Die eine wollte auf diese Seite, die andere wollte auf die andere Seite des Flusses.
„Geh mir aus dem Weg!“, meckerte die eine.
„Du bist gut!“, meckerte die andere. „Geh du doch zurück und lass mich zuerst hinüber. Ich war auch als Erste auf der Brücke.“
„Was fällt dir ein?“, antwortete die Erste. „Ich bin viel älter als du und soll zurückgehen? Sei etwas höflicher! Du bist jünger, du musst nachgeben!“
Aber beide waren hartnäckig. Keine wollte zurückgehen, um die andere vorzulassen. Erst haben sie geredet, dann geschrien und schließlich geschimpft. Als das alles nichts nützte, fingen sie an miteinander zu kämpfen. Sie hielten ihren Kopf mit den Hörnern nach vorn und rannten zornig gegeneinander los. Mitten auf der Brücke prallten sie heftig zusammen. Durch den Stoß verloren beide das Gleichgewicht. Sie stürzten zusammen von der schmalen Brücke in den tiefen Fluss, und nur mit Mühe konnten sie sich an das Ufer retten.

nach Ludwig Grimm

Welche Eigenschaften haben die beiden Ziegen? Schreibe auf.

Welche Lehre passt am besten zu dieser Fabel und gilt auch für den Straßenverkehr? Male die entsprechende Aussage an.

Wenn zwei sich streiten, freut sich der Dritte.

Wer zuletzt lacht, lacht am besten.

Der Klügere gibt nach.

Wodurch werden solche Situationen im Straßenverkehr weitgehend verhindert?

- ☐ Verkehrszeichen, die die Vorfahrt regeln
- ☐ gegenseitige Rücksichtnahme aller Verkehrsteilnehmer
- ☐ viele Einbahnstraßen
- ☐ vorausschauendes Fahren
- ☐ Verkehrsregeln
- ☐ stabile Fahrzeuge

Name:

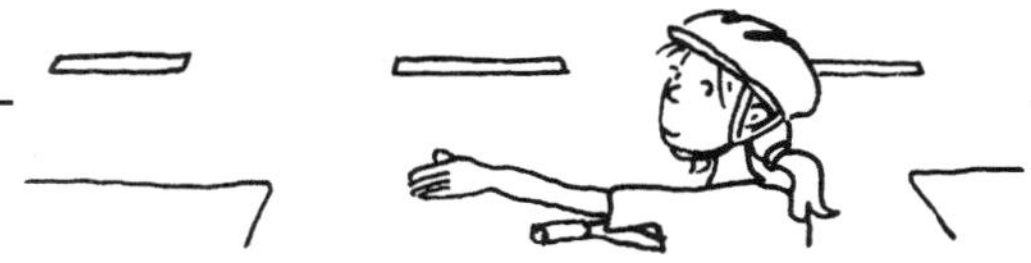

So nicht!

Wer verhält sich hier falsch? Streiche alle gefährlichen Situationen rot durch.

Vervollständige die folgenden Regeln, indem du die passenden Begriffe auswählst.

Sicherheitsabstand	verboten	Mitnahme	achtlos	hintereinander	
erlaubt	aufmerksam	nebeneinander	Fahrradlenker	Rot	Orange

Achte beim Radfahren immer auf den ______________________________ .

Gehe nicht ______________ über die Straße.

Spielen auf der Straße ist ______________ .

Gehe nie bei ________ über die Ampel.

Fahrt mit euren Fahrrädern nicht _________________ auf der Straße.

Die _______________ weiterer Personen auf deinem Fahrrad ist verboten.

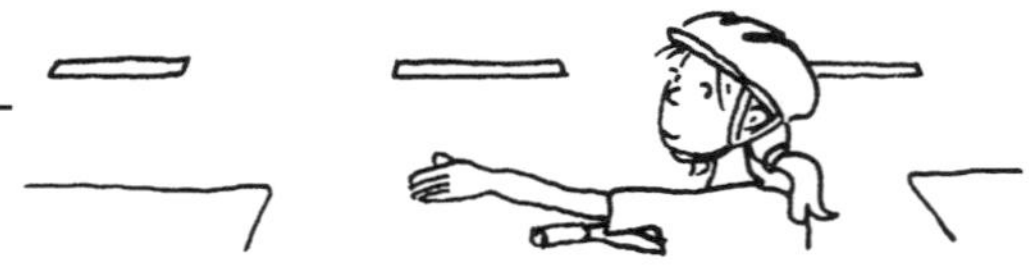

Bahn frei?

Ordne den Texten die passenden Bilder zu, indem du sie richtig aufklebst. Bastle dann den Lernfächer und übe damit.

Richtig anfahren!

Lernfächer von ______________________________

Schiebe das Fahrrad vom Grundstück an die Straße. Achte dabei auf Fußgänger.

Stelle das Fahrrad in Fahrtrichtung rechts an den Fahrbahnrand.

Steige von rechts auf und stelle einen Fuß auf das Pedal. Sieh dich nach links hinten um.

Gib ein Handzeichen links, wenn die Straße frei ist.

Fahre mit beiden Händen am Lenker los.

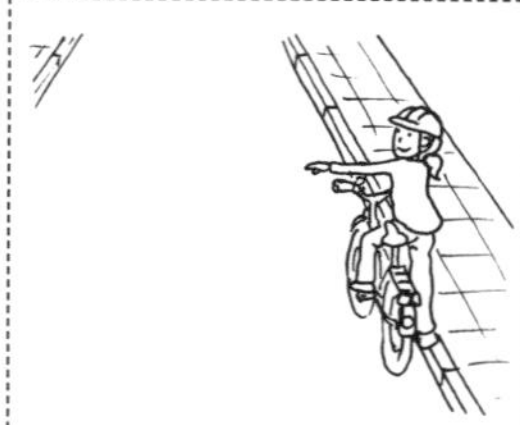
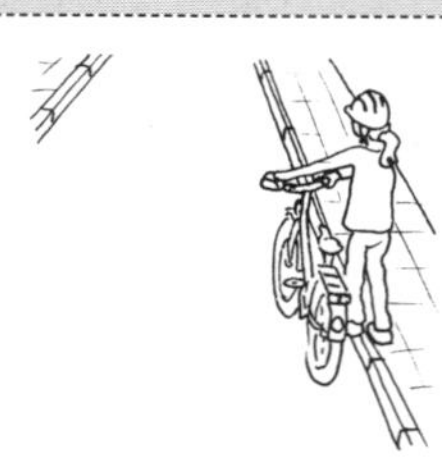

Name:

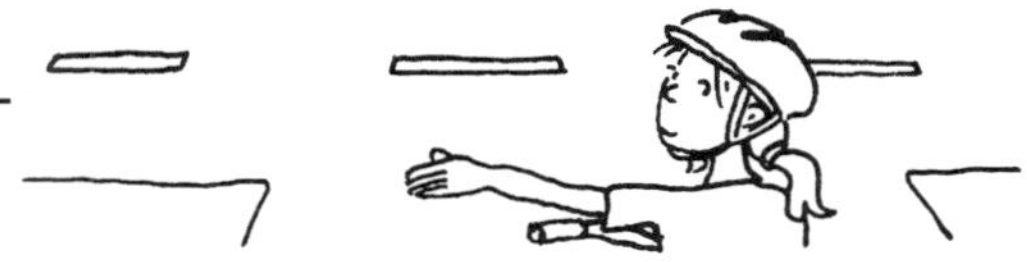

Der Anhalteweg

Vervollständige die Sätze, indem du die folgenden Wörter richtig einsetzt.

Anhalteweg | Bremsweg | länger | Reaktionsweg

Auch mit guten Bremsen kommst du nicht sofort zum Stehen. Taucht plötzlich eine Gefahr auf, vergeht eine Schrecksekunde, bis du reagierst und die Bremsen betätigst. Den Weg, den du in dieser Sekunde zurücklegst, nennt man ______________________ .

Hinzu kommt der Weg, den du vom Betätigen der Bremse bis zum Stillstand zurücklegst.

Das ist der eigentliche ______________________ .

Beides zusammen nennt man den ______________________ . Je schneller ein Fahrzeug fährt, desto ________________ ist sein Anhalteweg.

Was verlängert den Bremsweg? Kreuze an.

- ☐ Laub oder Sand auf der Fahrbahn
- ☐ Regenwasser auf der Straße
- ☐ abgefahrenes Reifenprofil
- ☐ Schnee oder Matsch auf der Fahrbahn
- ☐ kaputte Hupe
- ☐ Sonnenschein
- ☐ hohe Geschwindigkeit
- ☐ Bäume am Straßenrand
- ☐ ein Verkehrsschild

Wenn du mit dem Fahrrad 10 km/h schnell fährst, hast du einen Anhalteweg von drei Metern. Fährst du doppelt so schnell, ist der Anhalteweg zehn Meter. Male die Kästchen entsprechend an.

1.  10 km/h: ☐☐☐☐☐☐☐☐☐☐☐☐☐☐☐

1 Meter = 1 Kästchen

2.  20 km/h: ☐☐☐☐☐☐☐☐☐☐☐☐☐☐☐

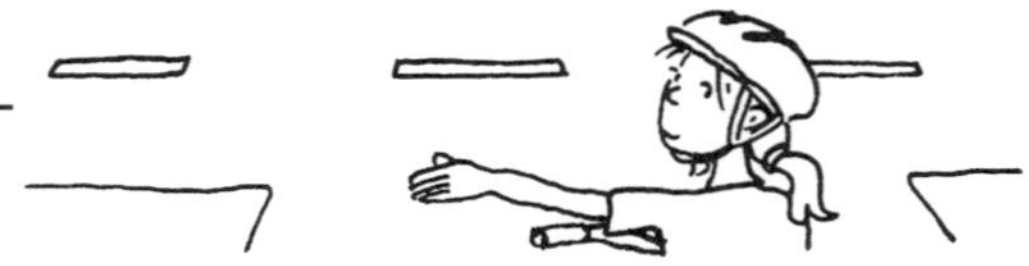

Name:

Sicherheitsabstände

Lies den folgenden Text und streiche die falschen Angaben rot durch.

Auf unseren Straßen herrscht das **Linksfahrgebot / Rechtsfahrgebot**. Das bedeutet, dass du immer auf der **linken / rechten** Fahrbahnseite fahren musst.
Dabei ist es wichtig, dass du den Sicherheitsabstand zum Fahrbahnrand einhältst. Dieser Abstand sollte ungefähr **eine Armlänge / zwei Armlängen** betragen. Auch von parkenden Autos am Fahrbahnrand musst du diesen Abstand einhalten. Denn es könnte zum Beispiel passieren, dass ein Autofahrer plötzlich die Tür aufmacht, ohne vorher nach hinten zu sehen.
Zu Fahrzeugen, die **neben / vor** dir fahren, musst du einen Sicherheitsabstand von ungefähr **drei / zwei** Fahrradlängen einhalten.

Kreise das Kind, das sich richtig verhält, jeweils farbig ein. Schreibe dann zu jedem Bild eine passende Regel.

1.

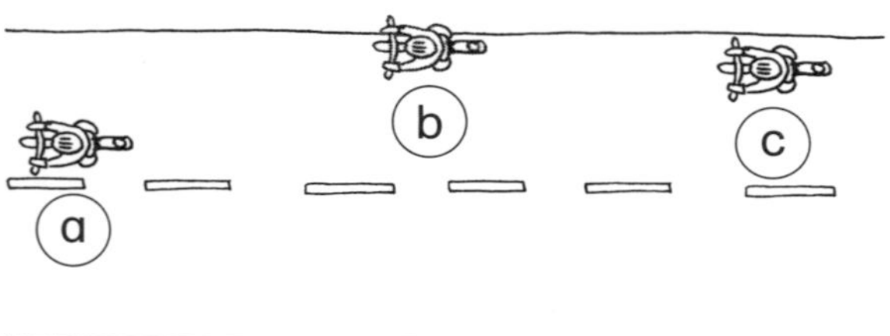

2.

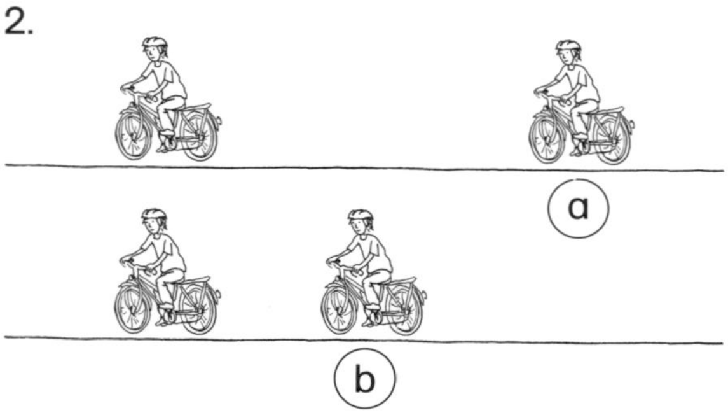

Übe gemeinsam mit einem Partner das Einhalten des Sicherheitsabstands.

Besorgt euch eine Schnur oder ein langes Seil und messt damit drei Fahrradlängen ab. Jeder nimmt ein Ende der Schnur in die Hand. Lauft nun hintereinander her. Achtet darauf, dass die Schnur immer gespannt bleibt. Wenn ihr ein Gefühl für die Länge des Sicherheitsabstands habt, lasst die Schnur weg.

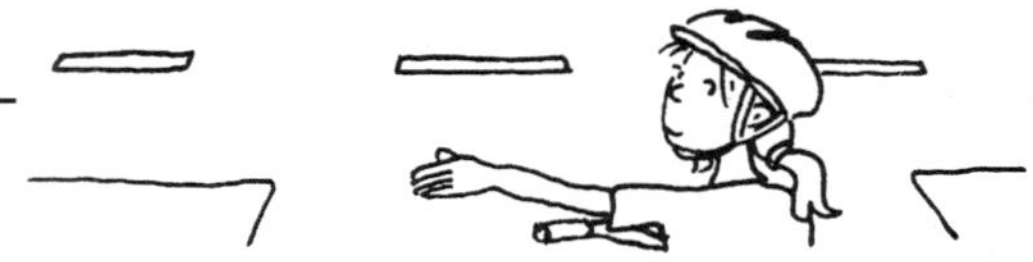

Name:

Ein Autofahrer sieht nicht alles

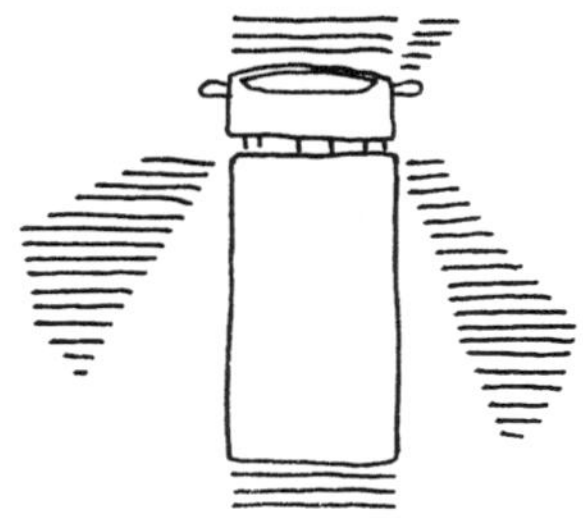

Sieh dir die Abbildung genau an. Die schraffierten Flächen rund um das Fahrzeug kann der Fahrer von seinem Sitz aus nicht einsehen. Das gilt vor allem für Busfahrer und Lkw-Fahrer. Diese Bereiche nennt man tote Winkel.

Markiere die toten Winkel rot. Male die Kinder, die gesehen werden, grün an.

Vervollständige die folgenden Sätze. Suche dafür die passenden Begriffe aus.

auch nicht | tote Winkel | lustige Winkel | Bremse | trotzdem | Spiegel

Der ____________________ ist der Bereich, den der Fahrer trotz ____________________ nicht sehen kann. Merke dir: Wenn du den Fahrer nicht sehen kannst, dann kann er dich ____________________ sehen.

Womit musst du hier rechnen? Wie verhältst du dich? Schreibe auf.

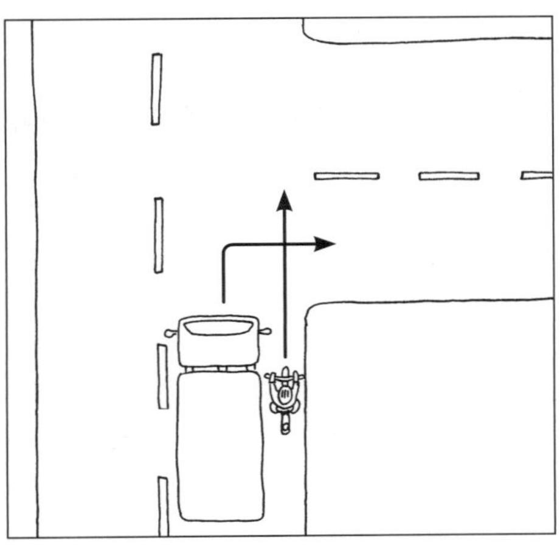

____

____

____

____

____

____

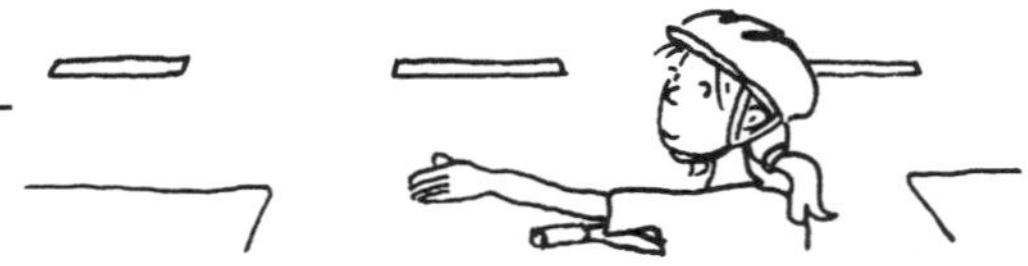

Name:

Wie komme ich hier vorbei?

Die Bilder zeigen dir, wie du richtig und sicher an einem Hindernis vorbeifährst. Welcher Text gehört zu welcher Nummer? Trage richtig ein.

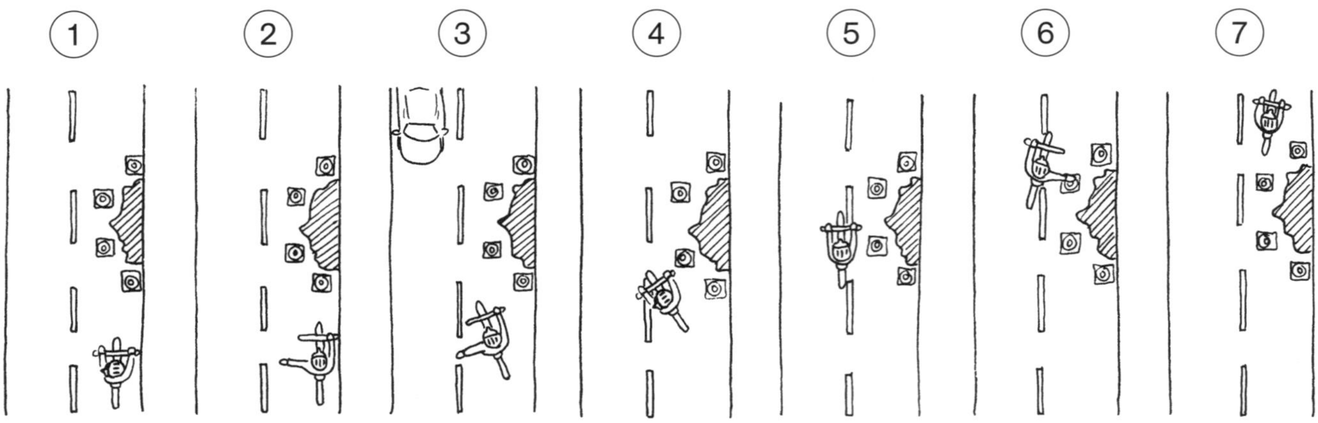

◯ Links umschauen

◯ Einordnen und rechts weiterfahren

◯ Handzeichen links

◯ Vorbeifahren und Sicherheitsabstand beachten

◯ Nochmals umschauen

◯ Handzeichen rechts

◯ Einordnen zum Sichtpunkt und Gegenverkehr vorbeilassen

Baustellen können gefährliche Hindernisse sein. Hier stehen oft Schilder, die du beachten musst. Lies die Erklärungen. Kreise jeweils mit der gleichen Farbe ein.

Achtung, die Fahrbahn wird enger!

Achtung, hier kann es rutschig sein!

Hier hat der Gegenverkehr Vorrang.

Hier hast du Vorrang vor dem Gegenverkehr.

Achtung, die Fahrbahn wird uneben!

Hier musst du links an der Baustelle vorbeifahren.

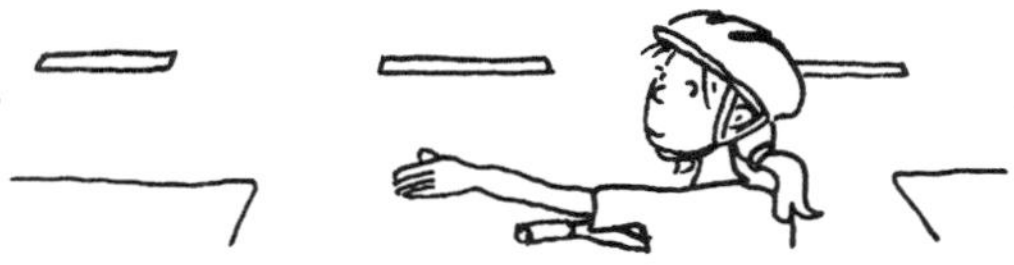

Name:

Vorfahrtsregel „rechts vor links"

Erreichen mehrere Verkehrsteilnehmer gleichzeitig eine Kreuzung, muss geregelt sein, wer zuerst fahren darf. Gibt es keine Ampeln oder Schilder, gilt immer die Regel „rechts vor links".

Wie lauten die Merksätze zur Rechts-vor-links-Regel? Streiche in jedem Satz das falsche Wort. Male die Kästen an: rot = anhalten, grün = fahren.

Ich muss anhalten, wenn von mir aus gesehen **niemand / jemand** von rechts kommt.	Ich darf fahren, wenn von mir aus gesehen **niemand / jemand** von rechts kommt.

Wer hat hier Vorfahrt? Male die Verkehrsteilnehmer, die warten müssen, rot an, und die, die fahren dürfen, grün. Die Pfeile zeigen die Fahrtrichtung an.

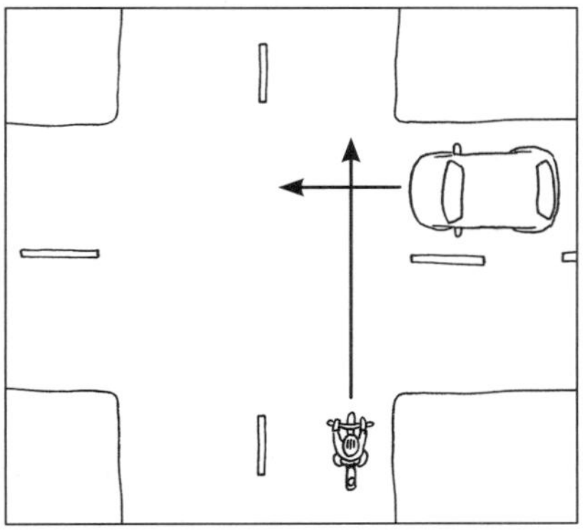

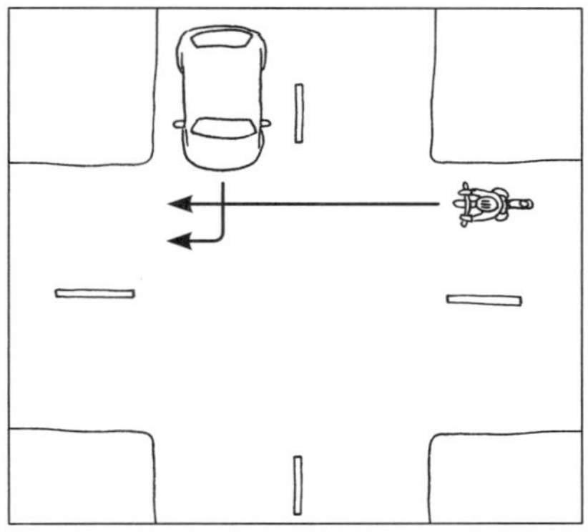

Wer darf zuerst fahren? Wer als Zweiter? Und wer als Dritter? Schreibe die Zahlen 1 bis 3 in der richtigen Reihenfolge in die Kreise.

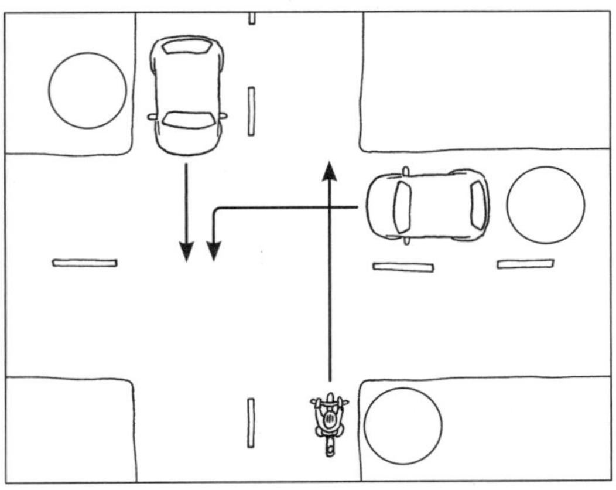

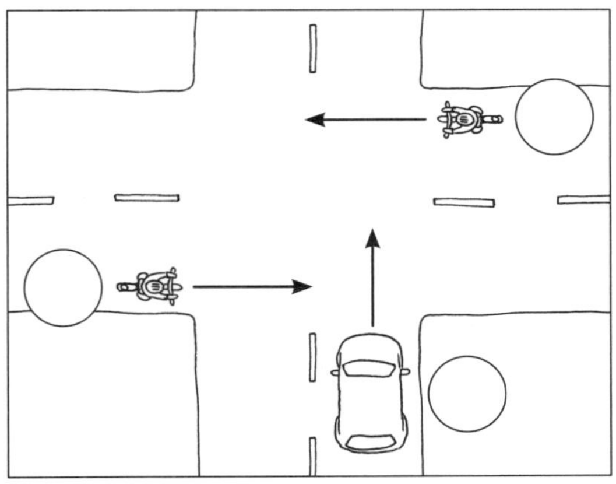

Übt zu zweit oder dritt die Rechts-vor-links-Regel.

Stellt euch vor, ihr seid Radfahrer. Nun nähern sich immer zwei von euch einer Kreuzung. Wer darf gehen und wer bleibt stehen? Versucht es auch mit drei „Fahrern".

Ich darf fahren.

Ich muss warten.

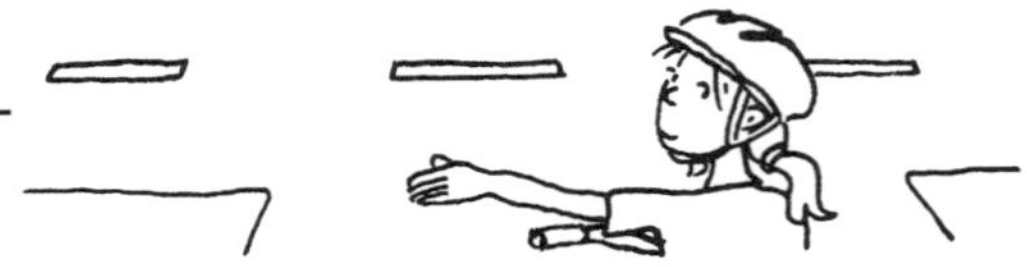

Name:

Vorfahrtsregelung durch Schilder

Stehen an einer Kreuzung Verkehrsschilder, die die Vorfahrt regeln, gilt „rechts vor links“ nicht mehr. In diesem Fall zeigen dir die Schilder, wer zuerst fahren darf.

Wer hat hier Vorfahrt? Male die Verkehrsteilnehmer, die warten müssen, rot an und die, die fahren dürfen, grün. Die Pfeile zeigen die Fahrtrichtung an.

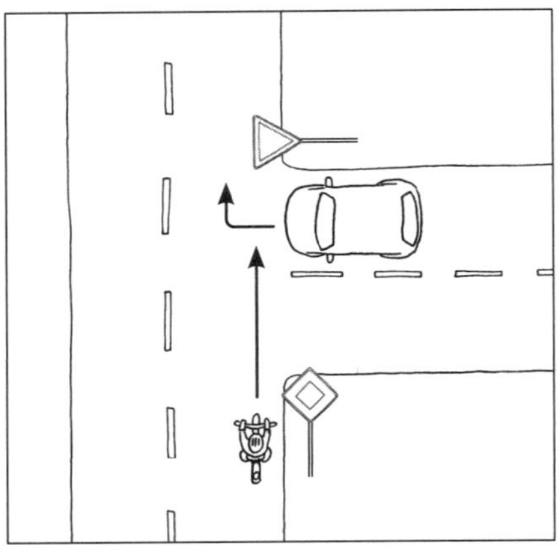

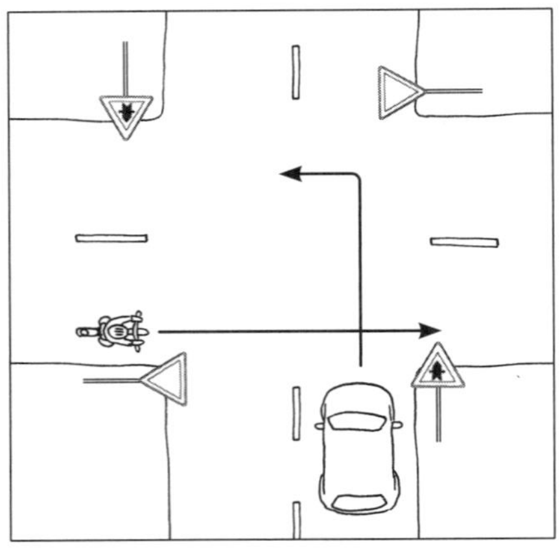

Wer darf zuerst fahren? Wer als Zweiter, wer als Dritter? Schreibe die Zahlen 1 bis 3 in der richtigen Reihenfolge in die Kreise.

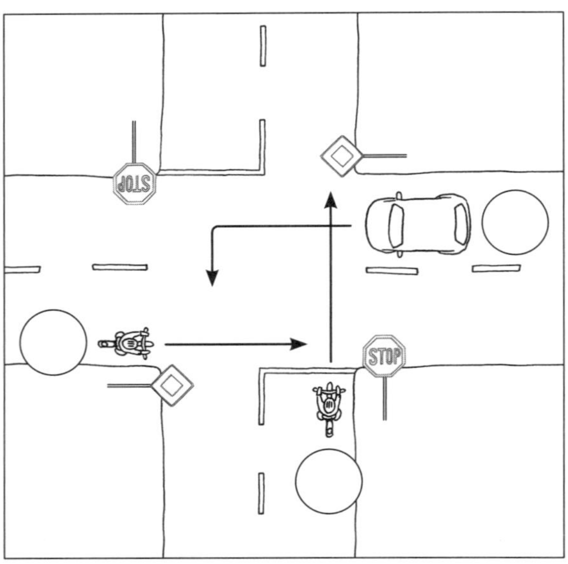

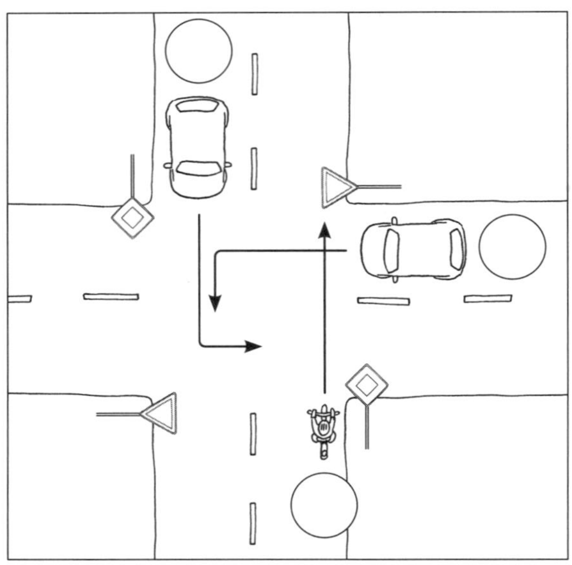

Name:

Abknickende Vorfahrtsstraße

Was bedeuten diese Schilder?

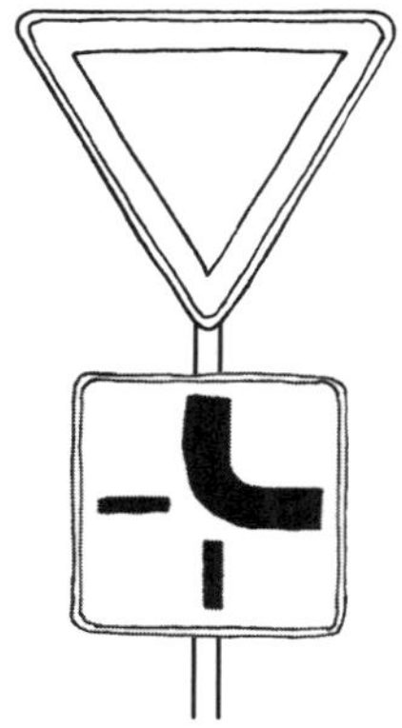

Wie verläuft die Vorfahrtsstraße an diesen Kreuzungen? Male sie gelb an.

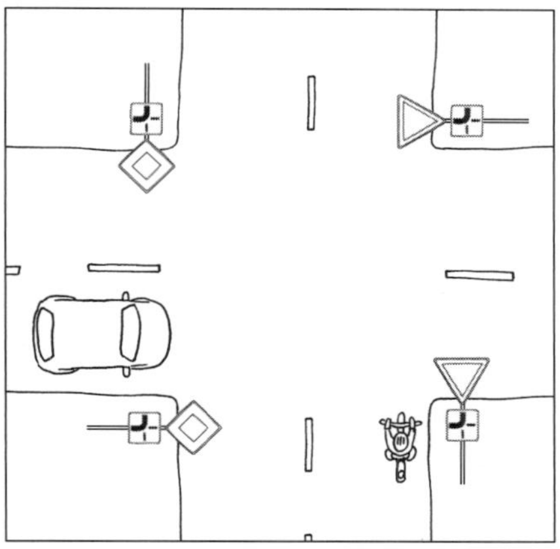

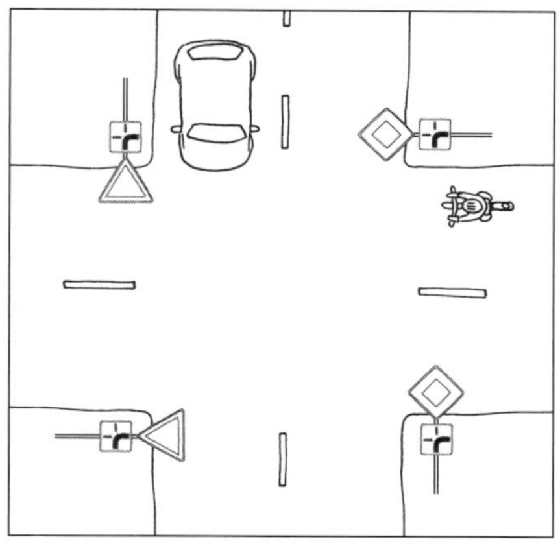

Wer darf fahren? Nummeriere die Verkehrsteilnehmer in der richtigen Reihenfolge.

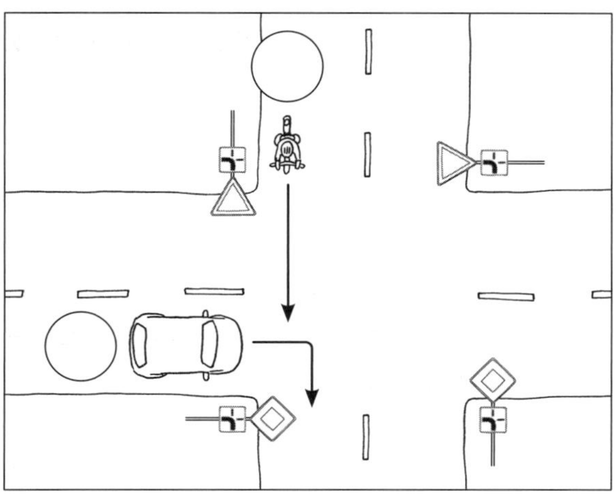

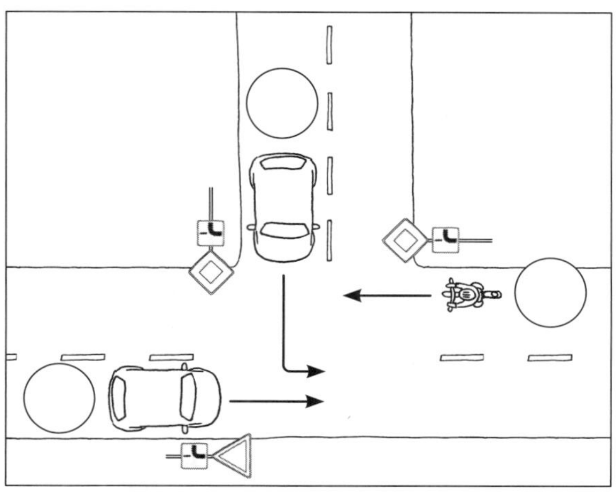

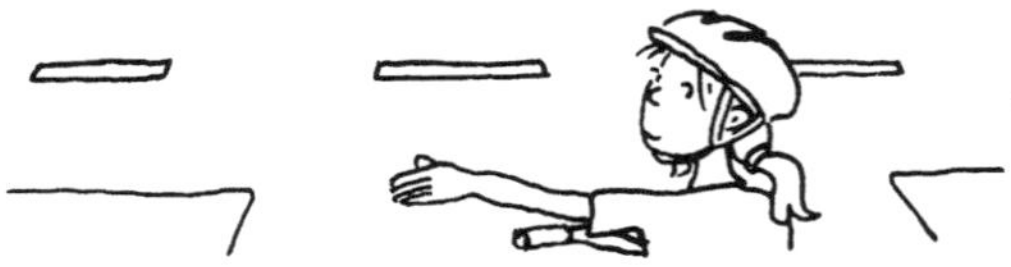

Name:

Vorfahrtsregelung durch Ampeln

Triffst du an einer Kreuzung auf funktionierende Verkehrsampeln, dann sind die Rechts-vor-links-Regel und die Verkehrsschilder ungültig. Hier musst du auf die Ampeln achten.

Male die Ampellichter in der folgenden Reihenfolge an: Grün, Gelb, Rot, Rot-Gelb.

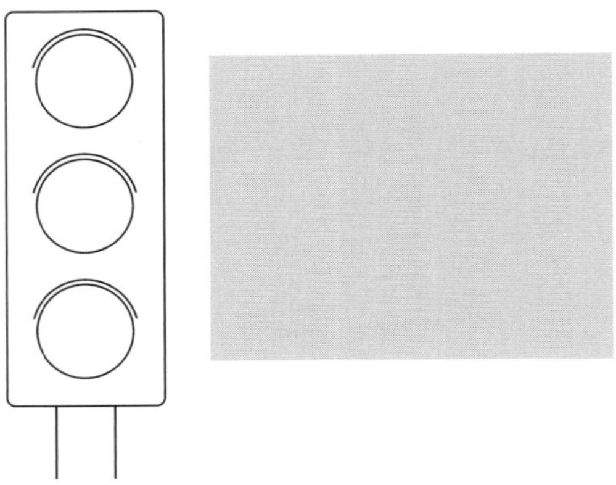

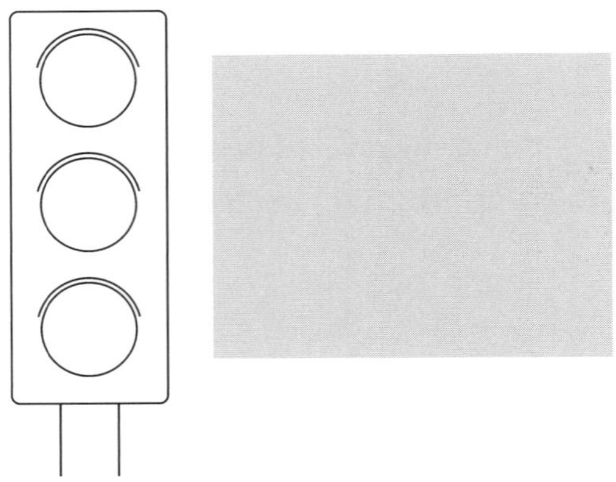

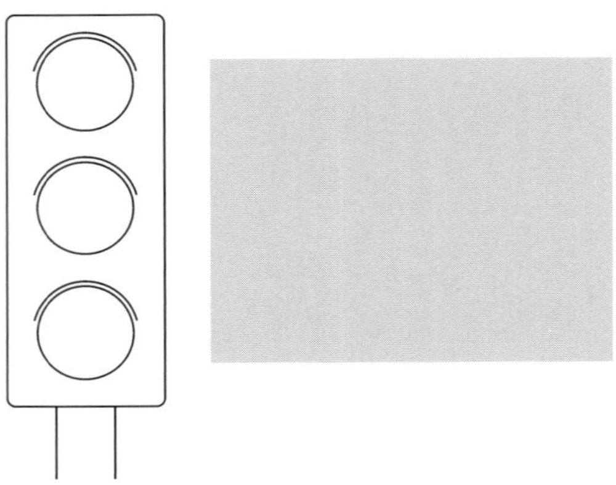

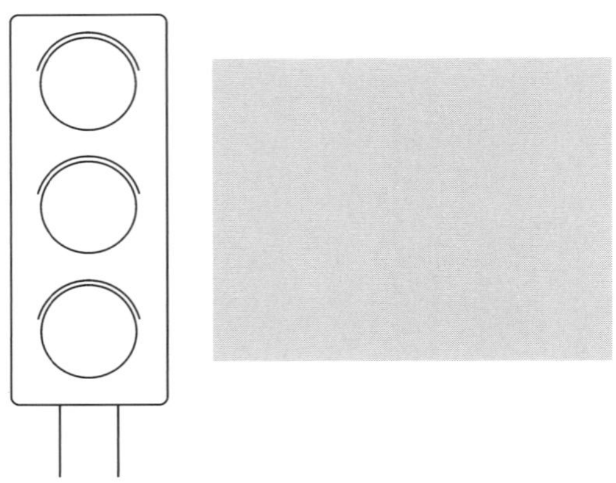

Was bedeuten die Farben? Schneide die Texte aus und klebe sie neben die jeweils passende Ampel.

✂

Ich mache mich bereit zum Weiterfahren, denn gleich wird die Ampel grün.	Ich muss sofort anhalten und warten.	Ich muss anhalten, denn gleich wird die Ampel rot.	Ich darf fahren.

Name:

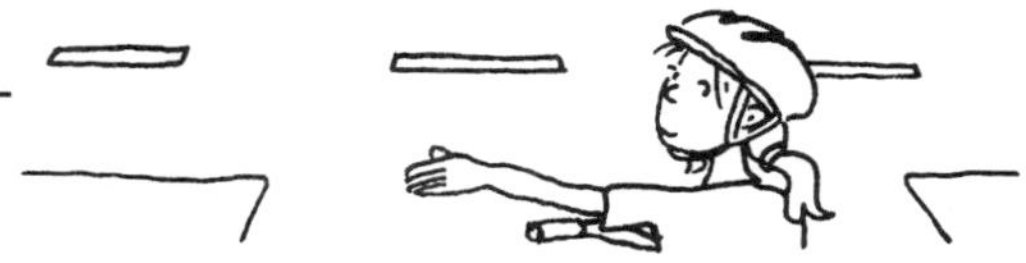

Vorfahrtsregelung durch den Verkehrspolizisten

Steht ein Verkehrspolizist auf der Kreuzung und regelt die Vorfahrt, dann zählen nur seine Handzeichen. Weder die Ampel, noch die Verkehrsschilder, noch die Rechts-vor-links-Regel sind dann gültig.

Kannst du den Polizisten von der Seite sehn,
will er deiner Fahrt nicht im Wege stehn.
Doch siehst du Bauch oder Rücken,
musst du auf die Bremse drücken.

Male die Ampeln passend an. Male die entsprechenden Polizisten in denselben Farben an. Bastle die Ampelschnur.

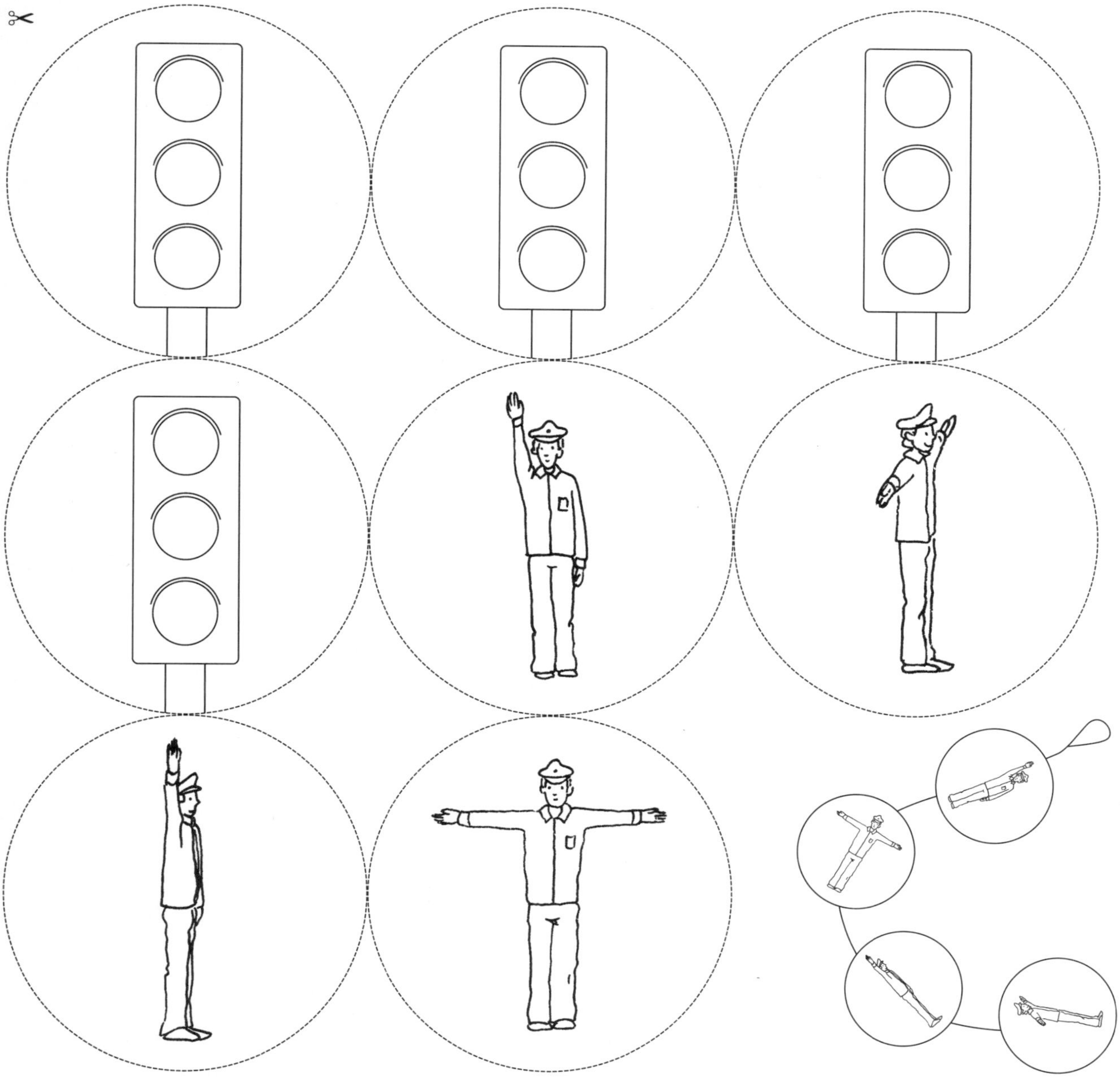

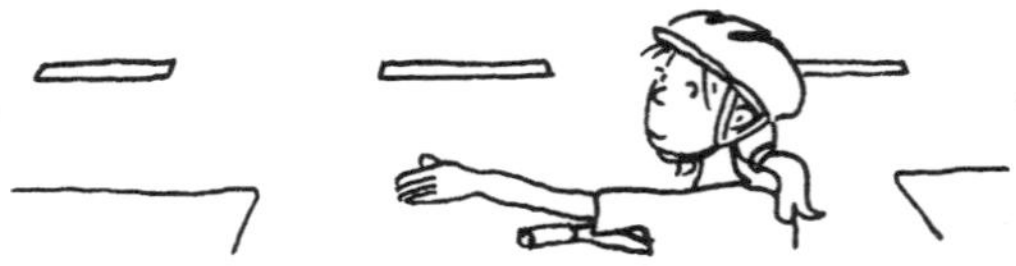

Name:

Welche Zeichen geben dir Vorfahrt?

Male die Schilder, Ampeln und Polizisten an.

Bei welchen Zeichen darfst du fahren? Kreise ein.

Achtung: Auch bei Vorfahrt immer darauf achten, dass die Straße wirklich frei ist!

Name:

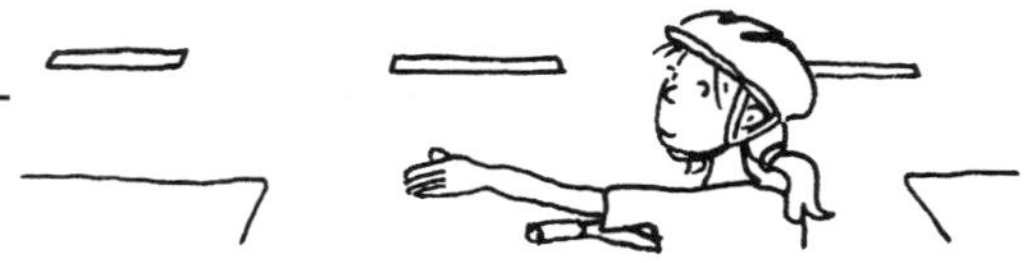

Rechts abbiegen

Wie verhältst du dich in den folgenden Situationen richtig? Kreuze an.

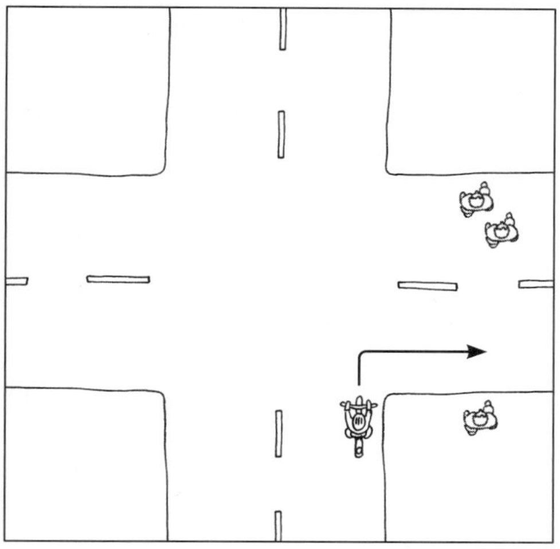

- [ ] Ich fahre weiter, weil die Fußgänger warten müssen.
- [ ] Ich warte, bis alle Fußgänger die Straße überquert haben.
- [ ] Ich klingle und schlängle mich zwischen den Fußgängern hindurch.

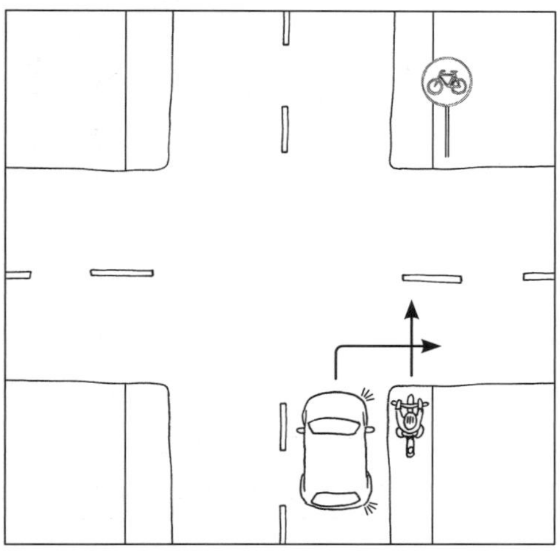

- [ ] Ich bin bremsbereit, weil der Autofahrer mich übersehen könnte.
- [ ] Ich halte an und lasse das Auto vor.
- [ ] Ich fahre weiter, weil der Autofahrer warten muss.

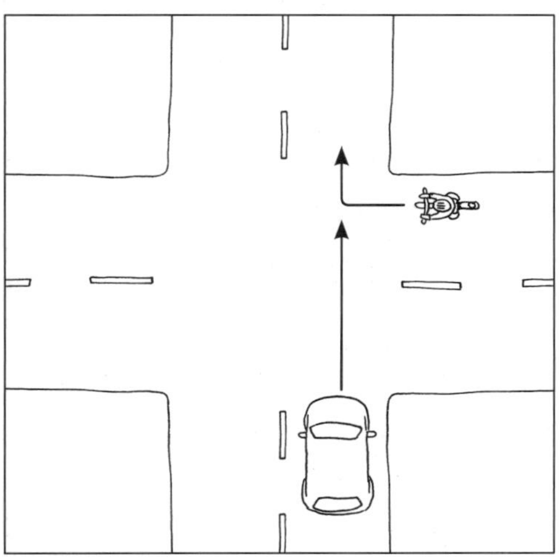

- [ ] Ich bin bremsbereit, weil der Autofahrer mich übersehen könnte. Deshalb nehme ich Blickkontakt mit ihm auf.
- [ ] Ich fahre weiter, weil der Autofahrer warten muss.
- [ ] Ich halte an und lasse das Auto vor.

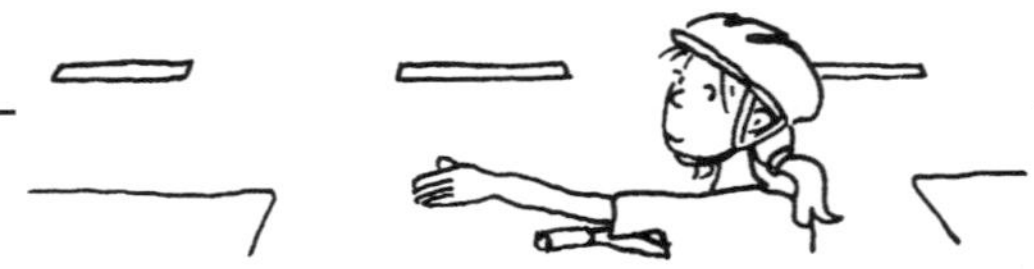

Name:

Links abbiegen

Rechts weiterfahren (N) | In großem Bogen abbiegen (G) | Einordnen (B) | Handzeichen geben (B) | Fußgänger vorbeilassen (E) | Umschauen (A) | Gegenverkehr beachten (I) | Noch einmal umschauen (E)

Ordne den einzelnen Schritten die passenden Stichpunkte zu. Trage das Lösungswort ein.

① ______________________________

② ______________________________

③ ______________________________

④ ______________________________

⑤ ______________________________

⑥ ______________________________

⑦ ______________________________

⑧ ______________________________

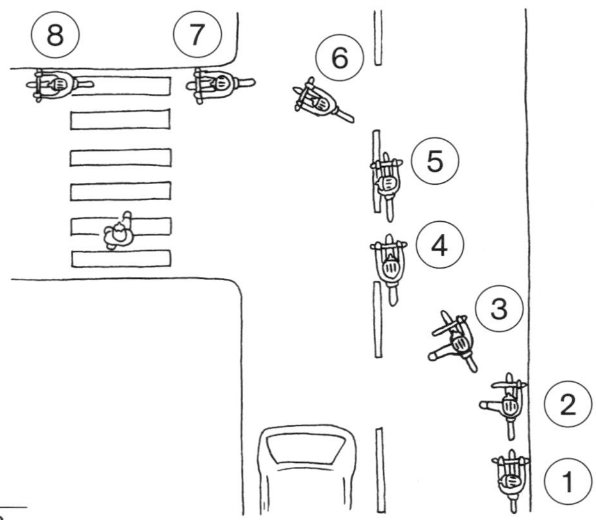

Lösungswort: ___ ___ ___ ___ ___ ___ ___ ___
1 2 3 4 5 6 7 8

Verbinde die folgenden Sätze sinnvoll.

Sieh dich nach links hinten um, •	• damit andere Verkehrsteilnehmer sehen, dass du links abbiegen möchtest.
Gib ein deutliches Handzeichen, •	• damit der nachfolgende Verkehr rechts vorbeifahren kann.
Ordne dich zur Straßenmitte ein, •	• um sicherzugehen, dass kein Fahrzeug von hinten kommt.
Beachte den Gegenverkehr, •	• weil entgegenkommende Fahrzeuge Vorfahrt haben.
Sieh dich noch einmal um, •	• um keine Fahrzeuge auf der Gegenspur zu behindern.
Biege in großem Bogen ab, •	• weil nachfolgende Verkehrsteilnehmer gerade überholen könnten.
Achte auf Fußgänger, •	• die vielleicht die Straße überqueren möchten.

Name:

So kannst du auch links abbiegen

An stark befahrenen Kreuzungen ist es sicherer, wenn du vor der Kreuzung absteigst und sie wie ein Fußgänger überquerst.

Welcher Text gehört zu welchem Bild? Ergänze die Buchstaben der Reihe nach. Trage das Lösungswort unten ein.

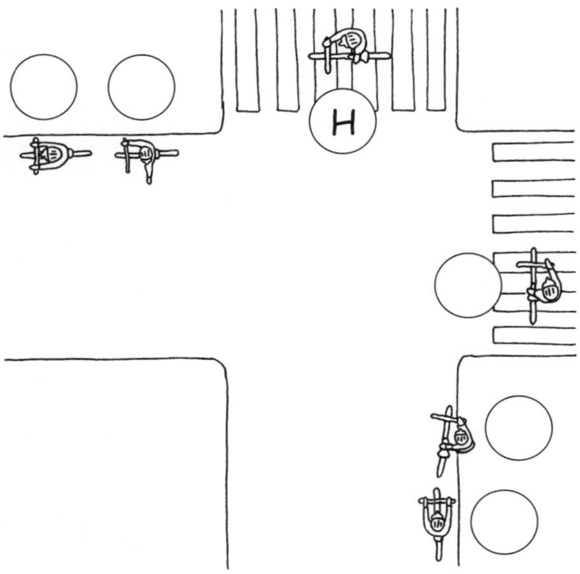

(I) Vor der Kreuzung am Fahrbahnrand absteigen und mit dem Fahrrad auf den Gehweg wechseln

(E) Das Fahrrad wieder am Fahrbahnrand platzieren und richtig anfahren

(C) Die Straße zweimal wie ein Fußgänger überqueren und dabei das Fahrrad schieben

(S) An die Kreuzung heranfahren

(R) Die Fahrt auf der Fahrbahn fortsetzen

Lösung: ◯ ◯ ◯ (H) ◯ ◯ links abbiegen!

Kai möchte links abbiegen. Das kann er auf verschiedene Weise tun. Zeichne die möglichen Wege mit unterschiedlichen Farben ein.

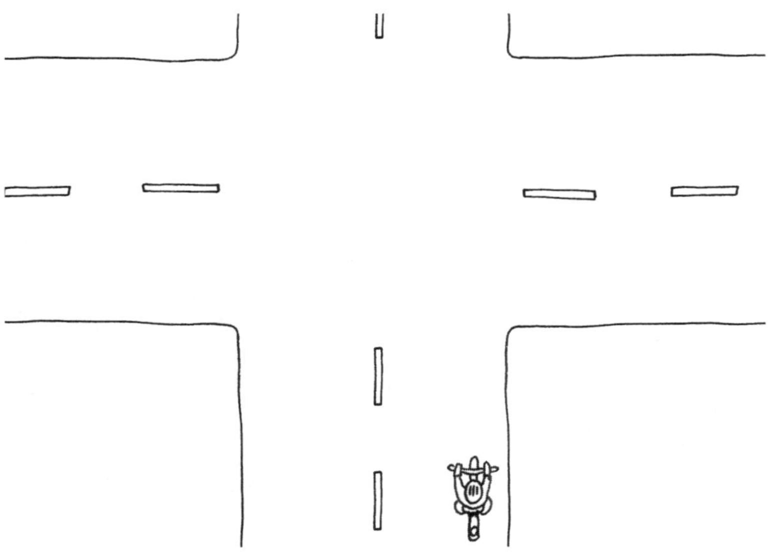

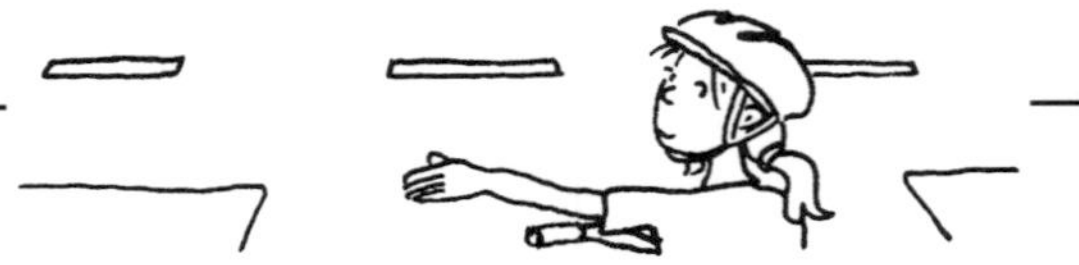

Name:

Verhalten in Einbahnstraßen

Sieh dir das Bild genau an und ergänze den folgenden Satz.

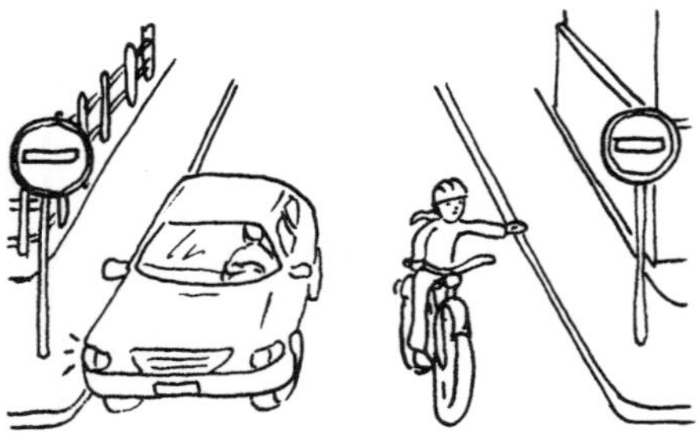

Du möchtest aus einer Einbahnstraße links abbiegen. Ordne dich links von der Mitte der Straße ein, damit

____

____.

Du bist der Radfahrer. Du möchtest aus der Einbahnstraße abbiegen. Zeichne jeweils den Weg ein, den du fahren musst.

1. links abbiegen

____

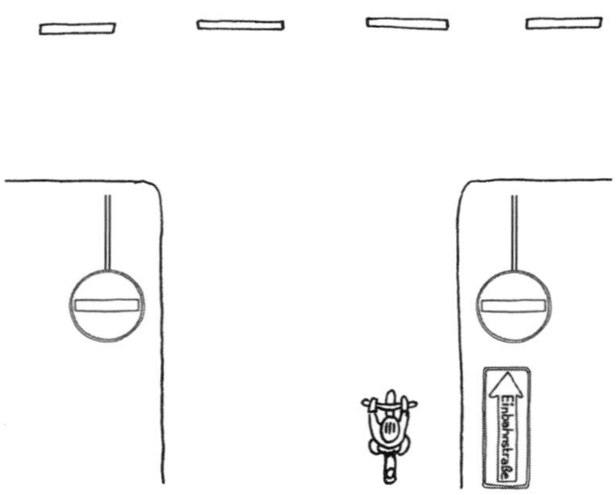

2. rechts abbiegen

____

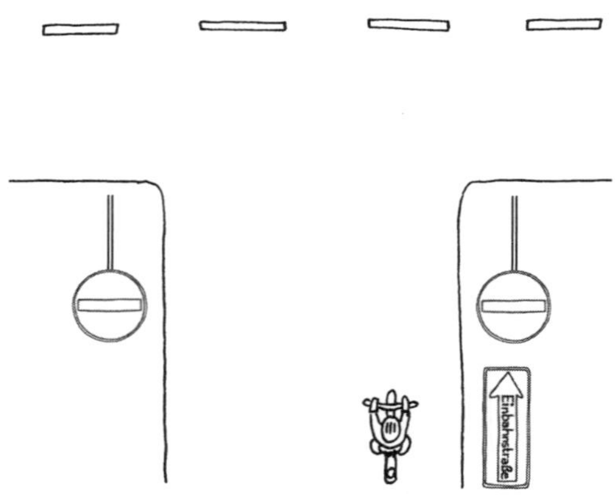

Kreuze die richtigen Aussagen an.

- [ ] Hier gilt eine Sonderregelung für Fahrradfahrer.
- [ ] Der Radfahrer darf nicht in die Einbahnstraße einfahren.
- [ ] Das Auto fährt falsch. Es darf die Straße in dieser Richtung nicht befahren.
- [ ] Der Radfahrer darf in die Einbahnstraße einfahren.

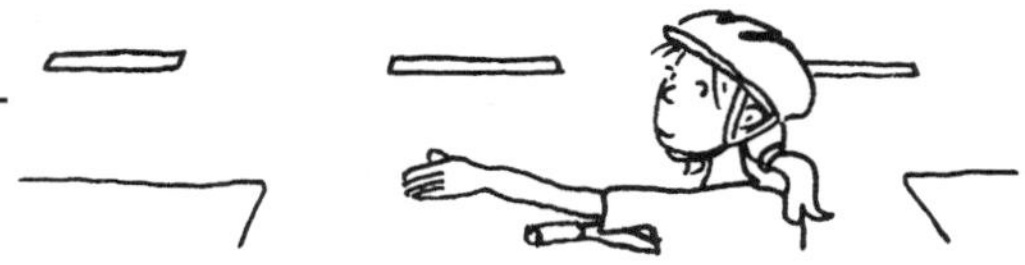

Name:

Luna fährt zur Schule

Luna muss einiges beachten. Lies den Text und trage die fehlenden Begriffe passend ein.

Fahrbahnrand | warten | anhalten

Vorfahrt | frei | Rot | Fuß | Handzeichen

Schule | links | Ampel | Polizist | umschauen

Luna muss in die Schule. Sie schiebt ihr Rad aus der Einfahrt heraus und sieht nach, ob die Straße ________ ist. Sie stellt das Fahrrad an den ____________________ . Nun muss sich Luna noch einmal ________________ . Die Straße ist frei. Deshalb gibt sie ein ________________ nach links und fährt los. An der Kreuzung steht dieses Schild: . Luna weiß, dass sie hier auf jeden Fall ____________ und einen ______ auf die Fahrbahn stellen muss. Wenn alles frei ist, kann sie weiterfahren. Luna muss nun  ________ abbiegen. An der nächsten Kreuzung sieht sie dieses Schild: . Sie weiß, dass sie hier ____________ hat. Luna fährt weiter geradeaus und sieht schon von Weitem das nächste Schild . Aber die ________ ist ausgefallen. Ein ____________ steht auf der Kreuzung und regelt den Verkehr. Luna sieht . Deshalb muss sie ____________ . Es bedeutet das Gleiche wie die Farbe ______ bei der Ampel. Wenn Luna den Polizisten so sieht , darf sie weiterfahren. Und kurz darauf ist schon die ____________ in Sicht. Gut gemacht!

Name:

Auf Nummer sicher!

Sieh dir die Bilder an und stell dir vor, du bist der Radfahrer. Womit musst du in diesen Situationen rechnen? Begründe.

1. ____________________

____

____

____

2. ____________________

____

____

____

3. ____________________

____

____

____

4. ____________________

____

____

____

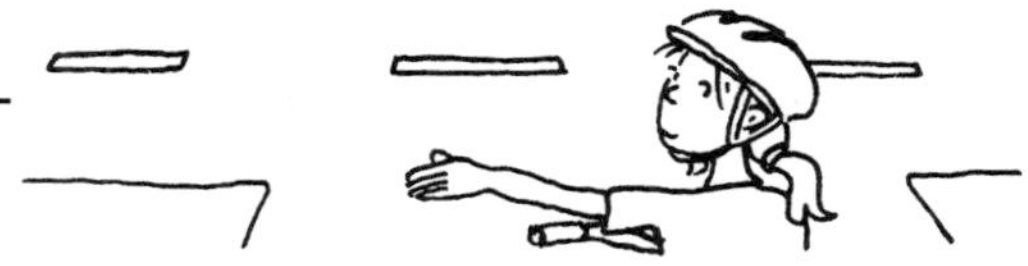

Name:

Vorsicht und Rücksicht

Zu welchen Situationen passen die Begriffe? Ordne sie den Texten zu. Achtung: Manchmal passen mehrere!

rücksichtsvoll fahren

hilfsbereit sein

Sicherheitsabstand einhalten

vorausschauend fahren

mit Fehlverhalten anderer rechnen

bremsbereit sein

1. Du fährst mit dem Fahrrad auf eine unbeschilderte Kreuzung zu. Ein Auto kommt von links. Du hast Vorfahrt.

2. Du fährst mit dem Fahrrad auf einem gemeinsamen Geh- und Radweg. Vor dir laufen zwei Kinder.

3. Du fährst mit dem Fahrrad auf der Straße. Am Fahrbahnrand parkt ein Auto. Der Fahrer möchte aussteigen und öffnet die Tür.

4. Du bist mit dem Fahrrad unterwegs. Du kommst an einem anderen Radfahrer vorbei, der eine Panne hat.

5. Du fährst mit deiner Klassenkameradin auf dem Radweg. Euch kommt ein Radfahrer entgegen.

6. Du bist mit dem Fahrrad unterwegs. Auf dem Gehweg steht ein kleines Kind. Plötzlich läuft es vor dir auf die Straße.

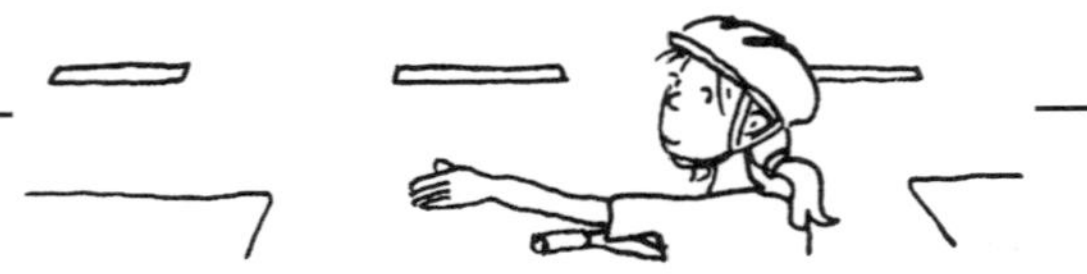

Name:

Rücksicht auf Fußgänger

Wie verhältst du dich, wenn du folgende Schilder siehst? Kreuze die richtigen Aussagen an. Male die Schilder richtig an.

- ☐ Ich warne die ein- und aussteigenden Personen mit meiner Fahrradklingel und fahre weiter.
- ☐ Ich halte an und fahre erst weiter, wenn alle Personen ein- und ausgestiegen sind und der Radweg frei ist.

- ☐ Ich habe hier als Radfahrer immer Vorrang, weil ich schneller bin.
- ☐ Ich muss hier besondere Rücksicht auf die Fußgänger nehmen.

- ☐ Ich darf hier nicht schneller als Schrittgeschwindigkeit fahren und muss besondere Rücksicht auf Fußgänger und spielende Kinder nehmen.
- ☐ Das ist eine Straße. Ich kann hier mit normaler Geschwindigkeit fahren.

- ☐ Ich habe hier als Radfahrer Vorfahrt. Der Fußgänger muss warten.
- ☐ Ich muss hier als Radfahrer anhalten und warten, bis der Fußgänger die Straße überquert hat.

- ☐ Weil ich selbst ein Kind bin, muss ich hier nicht besonders aufpassen.
- ☐ Ich muss hier besonders auf Kinder achtgeben.

- ☐ Hier sind Fußgänger unterwegs. Ich muss besonders achtgeben.
- ☐ Fußgänger dürfen hier nicht gehen. Ich habe freie Fahrt.

6. Kapitel: Fit fürs Rad

Vorbemerkung

Dieses Kapitel führt wichtige Themen der Verkehrserziehung zusammen und wiederholt diese in Form einer kleinen Theorieprüfung. Anhand praktischer Übungen werden außerdem die Bewegungssicherheit und Koordinationsfähigkeiten im Schonraum trainiert. Ein kurzweiliges Verkehrsspiel rundet das Kapitel ab.

Lehrplanbezug

Sachunterricht
- Verkehrsschilder und -regeln kennen und wiederholen

Sport
- Bewegungsfähigkeit schulen
- Reaktions- und Wahrnehmungsfähigkeit verbessern
- Gleichgewichtssinn und Orientierung schulen
- Partnerschaftliches Verhalten erproben

Zu den Kopiervorlagen

KV Seite 120/121

Im Verkehr

Dieses Spiel können Sie in der Freiarbeit einsetzen. Es ist sinnvoll, Spielplan und -karten auf etwas festeres Papier zu drucken und zu laminieren. Legen Sie außerdem einen Würfel und Spielfiguren bereit. Der älteste Spieler darf beginnen. Es wird reihum gewürfelt. Wer genau auf einem Verkehrszeichen landet, folgt den Anweisungen, die auf dem Spielplan vermerkt sind. Wer auf einem Richtungspfeil landet, muss beim nächsten Zug in diese Richtung weitergehen. Ansonsten kann man die Laufrichtung selbst bestimmen. Wer eine Fragekarte richtig beantwortet, darf sofort ein Feld vorrücken. Gewonnen hat, wer am schnellsten am See ist.

KV Seite 122

Kleine Theorieprüfung

Dieser Test wiederholt wichtige Themen aus dem Bereich der Verkehrserziehung. Machen Sie die Schüler darauf aufmerksam, dass immer nur eine Antwort richtig ist.

Lösung
1. Wenn ich zehn Jahre alt oder jünger bin.
2. Ich bremse ab und klingle, damit die Frau den Fahrradweg verlassen kann.
3. Durch helle, bunte Kleidung und Reflexstreifen.
4. Hier darf ich nicht mit dem Fahrrad fahren.
5. Handzeichen
6. An dieser Kreuzung habe ich Vorfahrt.
7. Ich muss zuerst den Gegenverkehr vorbeilassen.
8. rechts vor links

KV Seite 123-127

Fit fürs Rad – Stationentraining

Den Schwerpunkt der Übungen bildet die Förderung der Bewegungssicherheit der Schüler durch die Schulung ihrer koordinativen Fähigkeiten. In verschiedenen praktischen Übungen werden die Reaktions- und Orientierungsfähigkeit, der Gleichgewichtssinn und die Geschicklichkeit gefahrlos im Schonraum trainiert. Sie

dienen als Ergänzung zum eigentlichen Radfahrtraining im öffentlichen Verkehrsraum.

Die Übungen sind in Form von Stationenkarten angelegt, die auseinandergeschnitten und laminiert werden können. Wählen Sie für eine Doppelstunde etwa vier bis sechs Stationen aus und lassen Sie diese von den Schülern auf dem Schulhof aufbauen. Es empfiehlt sich, die Stationen in Kleingruppen durchlaufen zu lassen. Die Reihenfolge der einzelnen Stationen kann willkürlich gewählt werden. Die Schüler brauchen für jede Übung ihr Fahrrad.

Teilen Sie jedem Schüler vor dem ersten Üben einen Stationenplan aus, in den jeweils das Datum und eine Bewertung eingetragen werden. Die Kinder können auch nachmittags selbstständig üben und ihre Ergebnisse eintragen.

Weiterführende Anregung

Bauen Sie mit den Schülern einen Rollbrettparcours mit folgenden Stationen auf: Slalomstrecke aus Hütchen, Unterführung aus zwei Kästchen und einer Stange, Gerade aus Seilen, Balltransport mit zwei kleinen umgedrehten Kästen, Brücke aus zwei kleinen Sprungbrettern.

Integrieren Sie weitere Bewegungsformen in den Parcours, z. B. das Balancieren auf Halbkugeln oder umgedrehten Langbänken, ein Pedalo-Rennen oder Übungen mit Pezziball und Reifen.

KV Seite 128

Unser großer Fahrradparcours

Der Aufbau des großen Fahrradparcours nimmt etwas Zeit in Anspruch. Bauen Sie ihn gemeinsam mit den Schülern auf und besprechen Sie die Besonderheiten der einzelnen Stationen. Jede Übung trainiert eine Fähigkeit, die beim Radfahren relevant ist, z.B. sicher geradeaus fahren, Handzeichen geben, umschauen. Ergänzende Hinweise zu den einzelnen Stationen:

1. Hütchen durchfahren: Es muss eine schmale Spur durchfahren werden. Dabei darf kein Hütchen umgeworfen werden.
2. Zahlen lesen: Ein Kind hält eine Karte mit einer Zahl hoch. Auf Zuruf dreht sich das radfahrende Kind um und nennt die Zahl. Dabei soll es weiter geradeaus fahren.
3. Wasser transportieren: Stellen Sie am Anfang der Station einen Stuhl mit einem gefüllten Wasserbecher auf. Der Radfahrer nimmt den Becher und stellt ihn auf einem zweiten Stuhl, der einige Meter entfernt steht, wieder ab. Dabei soll kein Wasser verschüttet werden.
4. Achter fahren: Die Schüler fahren innerhalb der vorgegebenen Spur eine Acht.
5. Ball werfen: Stellen Sie am Anfang der Station eine Kiste mit Tennisbällen auf. Der Radfahrer nimmt einen Ball und wirft ihn einige Meter weiter in eine leere Kiste. Dabei muss er langsam fahren und gut zielen.
6. Slalom fahren: Die Hütchen oder Stangen müssen im Slalom durchfahren werden. Sie sollen dabei nicht berührt werden.
7. Kreisel fahren: Die Kinder fahren einen Kreis. Dabei geben sie mit der inneren Hand Handzeichen.
8. Holzlatten überfahren: Legen Sie einige Holzlatten auf den Boden, die überfahren werden müssen. Die Schüler sollen vorsichtig sein und das Tempo entsprechend anpassen.

Natürlich kann der Parcours verändert werden: Sie können Stationen weglassen, variieren oder neue ergänzen. Achten Sie darauf, dass die Schüler vorsichtig fahren! Es geht nicht um Schnelligkeit, sondern um das sichere Beherrschen des Fahrrads. Teilen Sie wartende Schüler einzelnen Stationen zu: Sie können Zahlen hochhalten, den Wasserbecher abstellen, Bälle einsammeln oder gegebenenfalls Hütchen zurückstellen. Dann wird gewechselt.

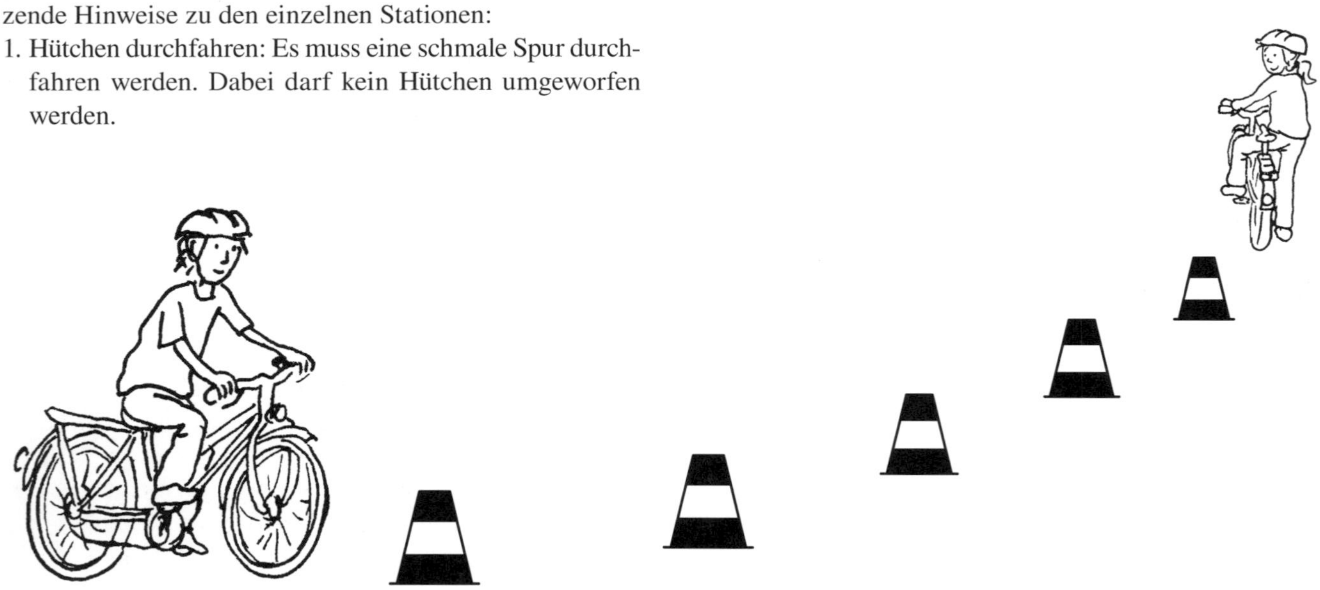

Im Verkehr - Spielplan

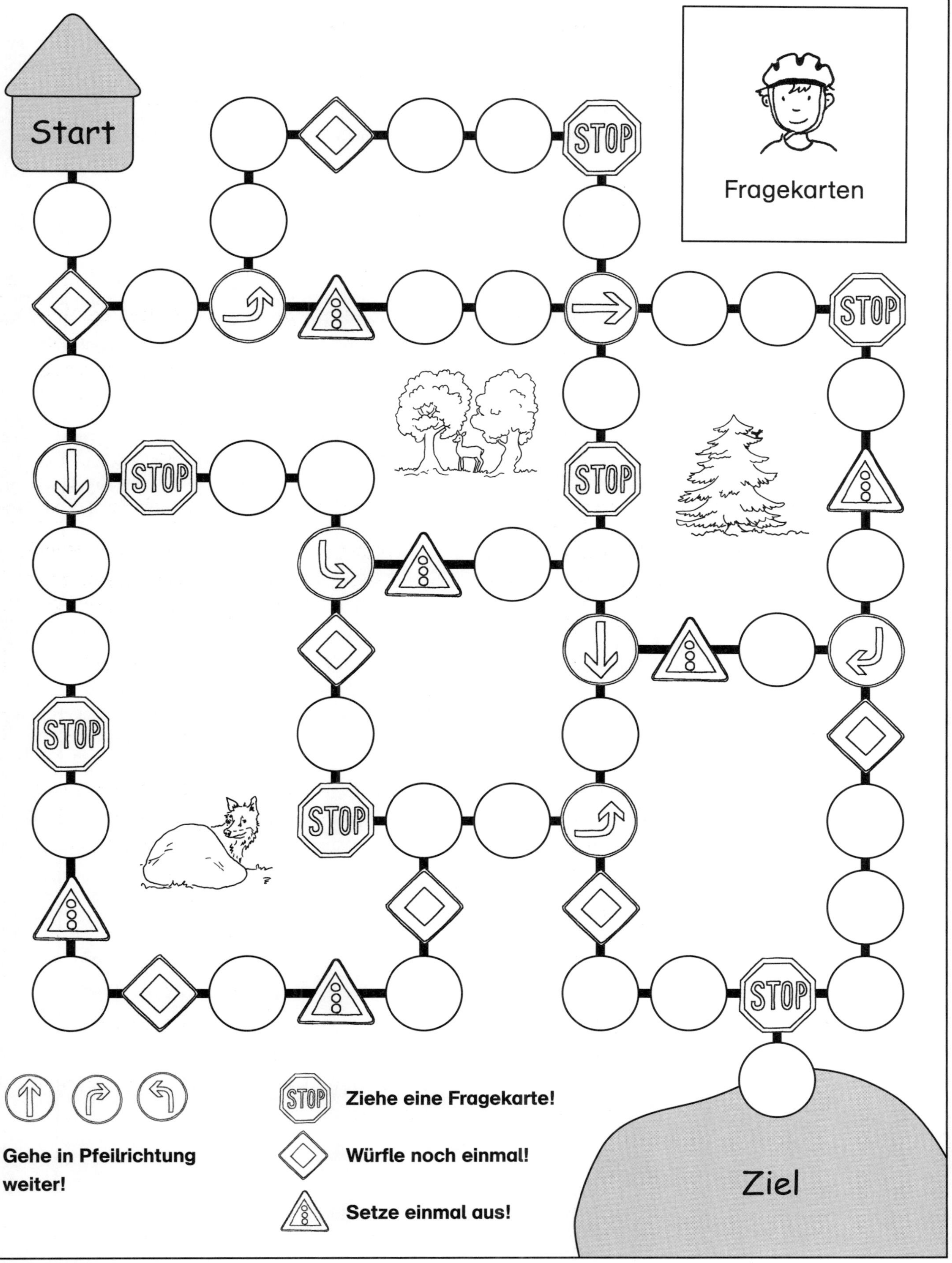

Gehe in Pfeilrichtung weiter!

STOP Ziehe eine Fragekarte!

Würfle noch einmal!

Setze einmal aus!

Im Verkehr – Fragekarten

Nenne alle Teile, die dein Rad verkehrssicher machen. *Klingel, Speichenreflektoren, Pedalreflektoren, Frontstrahler, Dynamo, Rückstrahler, Rücklicht, Scheinwerfer, Bremsen*	Nenne drei Dinge, die dich im Dunkeln sichtbar machen. *Leuchtstreifen, Reflektoren, helle Kleidung, Scheinwerfer, Rücklicht*	Wie zeigt der Verkehrspolizist die Ampelfarbe Grün? 	Wie zeigt der Verkehrspolizist die Ampelfarbe Rot? 
Welche fünf Ws musst du beachten, wenn du einen Notruf absetzt? *Wo? Was? Wie viele Verletzte? Welche Verletzungen? Warten auf Rückfragen!*	Wie wird die Vorfahrt geregelt, wenn es keine Verkehrszeichen gibt? *Durch die Rechts-vor-links-Regel*	Welche Straße darfst du nur in einer Richtung befahren? *Die Einbahnstraße*	Welches Zeichen musst du geben, wenn du abbiegen möchtest? *Handzeichen*
Bis zu welchem Lebensjahr darfst du auf dem Gehweg fahren? *Bis zum 10. Lebensjahr*	Wie viel Abstand musst du zu deinem Vordermann einhalten? *Drei Radlängen*	Welche Farbe haben Verbotszeichen? *Rot*	Bei welchem Schild musst du anhalten und einen Fuß auf die Fahrbahn stellen? *Beim Stoppschild*
Wie lautet die Notrufnummer? *112*	Was erzeugt den Strom für deine Fahrradbeleuchtung? *Der Dynamo*	Wie heißt der Bereich, den der Autofahrer trotz Spiegel nicht sehen kann? *Toter Winkel*	Das erste Fahrrad hieß Draisine und hatte keine Bremsen, keine Gangschaltung und keine … *Pedale.*
Wie groß sollte der Sicherheitsabstand zum Fahrbahnrand sein? *Eine Armlänge*	Dürft ihr nebeneinander auf der Straße fahren? *Nein*	Wie heißt ein Fahrrad, auf dem zwei Personen fahren dürfen? *Tandem*	Welche Farbe haben Gebotszeichen? *Blau*

Name:

Kleine Theorieprüfung

Kreuze die richtigen Lösungen an.

1. Wann darfst du als Radfahrer auf dem Fußgängerweg fahren?

☐ Wenn ich zehn Jahre alt oder jünger bin.
☐ Wenn ich älter als zehn Jahre bin.
☐ Wenn ich unter fünf oder über 75 Jahre alt bin.

2. Auf dem Radweg vor dir geht eine ältere Dame. Was machst du?

☐ Ich weiche über den Gehweg aus.
☐ Ich klingle und schimpfe.
☐ Ich bremse ab und klingle, damit die Frau den Fahrradweg verlassen kann.

3. Wie kannst du im Dunkeln als Radfahrer auf dich aufmerksam machen?

☐ durch ein schönes Halstuch
☐ durch helle, bunte Kleidung und Reflexstreifen
☐ durch häufiges Umschauen

4. Was bedeutet dieses Schild?

☐ Hier beginnt ein Radweg.
☐ Hier darf ich nicht mit dem Fahrrad fahren.
☐ Fahrräder abstellen verboten

5. Welches Zeichen muss ein Radfahrer geben, wenn er abbiegen will?

☐ Rauchzeichen
☐ Klingelzeichen
☐ Handzeichen

6. Was bedeutet dieses Schild?

☐ An dieser Kreuzung habe ich Vorfahrt.
☐ Hier muss ich Vorfahrt gewähren.
☐ Fahrräder haben Vorfahrt vor Pkws.

7. Wie verhältst du dich als Linksabbieger bei Gegenverkehr?

☐ Ich muss zuerst den Gegenverkehr vorbeilassen.
☐ Ich klingle und fahre dann in Ruhe über die Kreuzung.
☐ Ich fahre zügig über die Kreuzung, weil ich Vorfahrt habe.

8. Welche Vorfahrtsregelung gilt an einer Kreuzung ohne Verkehrszeichen?

☐ rechts vor links
☐ Autos vor Radfahrern
☐ Wer zuletzt da ist, fährt zuletzt.

Du hast ______ von 8 Antworten richtig.

8 Antworten:	Prima! Du kennst dich schon gut aus.
6 bis 7 Antworten:	Gut gemacht! Noch ein wenig Übung, dann bist du fit für die Radfahrprüfung.
5 Antworten oder weniger:	Du musst noch kräftig üben, damit du sicher im Verkehr bist!

Fit fürs Rad – Stationentraining

Wer rollt am weitesten?

Ihr braucht:
- Kreide

für zwei Personen

So geht's:

Malt mit Kreide eine Start- und eine Ziellinie auf den Boden. Sie sollten ungefähr sechs Meter auseinanderliegen. Hinter der Ziellinie braucht ihr noch Platz.
Stellt euch zu zweit mit euren Fahrrädern in ausreichendem Abstand zueinander an der Startlinie auf. Nach einem Startsignal fahrt ihr so schnell ihr könnt los. Genau an der Ziellinie hört ihr auf zu treten und lasst eure Räder ausrollen. Wer rollt am weitesten?

Fit fürs Rad – Stationentraining

Bremsübung

Ihr braucht:
- Kreide

für eine Person

So geht's:

Malt mit Kreide einen Kreis auf den Boden. Er sollte etwas kleiner als der Durchmesser eines Fahrradreifens sein.
Fahrt nun auf den Kreis zu und versucht, mit dem Vorderrad genau im Kreis zu stoppen.

Tipp: Fahrt zuerst langsam und steigert beim nächsten Mal das Tempo ein wenig.

Fit fürs Rad – Stationentraining

Faultierrennen

Ihr braucht:
- Kreide
- Stoppuhr

für eine Person

So geht's:

Markiert eine gerade Strecke auf dem Boden. Sie sollte einen Meter breit und sechs bis zehn Meter lang sein.
Durchfahrt die Strecke einzeln so langsam wie möglich, ohne einen Fuß abzusetzen oder eine Linie zu überfahren. Startet nacheinander und stoppt dabei die Zeit. Wer am längsten gebraucht hat, ist Sieger!

Fit fürs Rad – Stationentraining

Der Fahrradschatten

So geht's:

Sucht euch einen Partner und fahrt abwechselnd hintereinander her. Der Hintere macht alles nach, was der Vordermann tut, z. B.: einen Arm zur Seite strecken, im Stehen fahren, umschauen. Haltet dabei den Sicherheitsabstand ein!

für zwei Personen

Fit fürs Rad – Stationentraining

Handzeichenstrecke

Ihr braucht:

- sechs bis acht Stangen
- ein paar Tücher

für eine Person

So geht's:

Baut eine gerade Gasse, die etwa einen Meter breit und 15 Meter lang ist. Stellt dazu an beiden Seiten einige Stangen auf. Nun befestigt ihr an den Stangen im Abstand von etwa drei Metern abwechselnd rechts und links Tücher.

Durchfahrt die Gasse und streckt an jedem Fähnchen den entsprechenden Arm zur Seite. Haltet ihn so lange gestreckt, bis ihr das nächste Fähnchen erreicht.

Tipp: Habt ihr keine Stangen zur Verfügung, legt Seile auf den Boden oder zeichnet die Strecke mit Kreide. Als Markierungen für die Handzeichen stellt ihr dann Hütchen oder Dosen auf.

Fit fürs Rad – Stationentraining

Bei Zuruf umschauen!

Ihr braucht:

- Verkehrsschilder
- Kreide

für zwei Personen

So geht's:

Zeichnet eine etwa 15 Meter lange Linie auf den Boden. Ein Kind stellt sich mit den Schildern an den Beginn der Linie. Der Übende fährt entlang der Linie los. Wenn sein Partner „Achtung!" ruft, sieht er sich um und ruft laut den richtigen Namen des Schildes. Dabei muss er versuchen, möglichst genau auf der Linie zu bleiben. Danach wird gewechselt.

Fit fürs Rad – Stationentraining

Zielwerfen

Ihr braucht:

- Seile, Hütchen oder Kreide
- einen Stuhl
- eine Schachtel mit Tennisbällen
- eine große Kiste oder einen Eimer

für eine Person

So geht's:

Markiert mit Seilen, Hütchen oder Kreide eine Fahrstrecke. Stellt nach etwa drei Metern einen Stuhl an den Rand der Strecke, auf den ihr eine Schachtel mit Tennisbällen legt. Ein paar Meter weiter platziert ihr eine etwas größere Kiste oder einen Eimer. Durchfahrt die Strecke, nehmt einen Tennisball aus der Schachtel und werft ihn in die Kiste.

Fit fürs Rad – Stationentraining

Wackelparcours

Ihr braucht:

- Hütchen oder Dosen
- ein paar Latten

für eine Person

So geht's:

Baut eine kurze Slalomstrecke aus Hütchen oder Dosen. Im Anschluss daran legt ihr ein paar Latten quer über die Fahrbahn.
Durchfahrt den Parcours vorsichtig.

Fit fürs Rad – Stationentraining

Fußkick

Ihr braucht:

- Kreide
- Gummiringe
- Softbälle oder Volleybälle

für eine Person

So geht's:

Malt mit Kreide eine etwa 15 Meter lange Strecke auf den Boden, an deren Seiten ihr abwechselnd rechts und links Soft- oder Volleybälle platziert. Legt die Bälle am besten auf einen Gummiring, damit sie nicht von allein wegrollen.
Durchfahrt die Gasse und versucht, alle Bälle sachte mit dem Fuß wegzukicken.

Fit fürs Rad – Stationentraining

Fahrradmaler

für die ganze Gruppe

So geht's:

Überlegt euch einfache Figuren, z. B. eine Schlange, ein Dreieck, eine Acht oder ein Haus, und fahrt sie mit dem Fahrrad vor. Wer die Figur errät, darf als Nächstes der Fahrradmaler sein.

Fit fürs Rad – Stationentraining

Radstand

für die ganze Gruppe

So geht's:

Versucht mit eurem Rad auf einem Fleck zu stehen, ohne umzufallen. Wer schafft es am längsten?

Tipp: Schlagt das Vorderrad ein wenig ein und zieht die Bremsen leicht an. Stellt euch in den Pedalen auf.

Fit fürs Rad – Stationentraining

Wer hat Vorfahrt?

für die ganze Gruppe

Ihr braucht:

- Kreide oder Seile

So geht's:

Zeichnet großzügig eine Kreuzung auf oder markiert sie mit Seilen. Verteilt euch und fahrt in verschiedenen Abständen nacheinander auf die Kreuzung zu. Beachtet dort die Vorfahrtsregel „rechts vor links". Haltet immer die Sicherheitsabstände ein.

Variante: Spielt abwechselnd den Verkehrspolizisten, der die Vorfahrt regelt.

Name:

Fit fürs Rad - Stationenplan

Notiere, wenn du an einer Station geübt hast. Schreibe in die oberste Zeile jeweils das Datum.

☺ = Das hat gut geklappt!
😐 = Das war in Ordnung.
☹ = Hier muss ich noch üben!

	1.	2.	3.	4.	5.	6.
Wer rollt am weitesten?						
Bremsübung						
Faultierrennen						
Der Fahrradschatten						
Handzeichenstrecke						
Bei Zuruf umschauen!						
Zielwerfen						
Wackelparcours						
Fußkick						
Fahrradmaler						
Radstand						
Wer hat Vorfahrt?						

Unser großer Fahrradparcours

Baut den Parcours gemeinsam auf. Was könnt ihr an den einzelnen Stationen üben? Wo braucht ihr diese Fähigkeiten im Straßenverkehr?

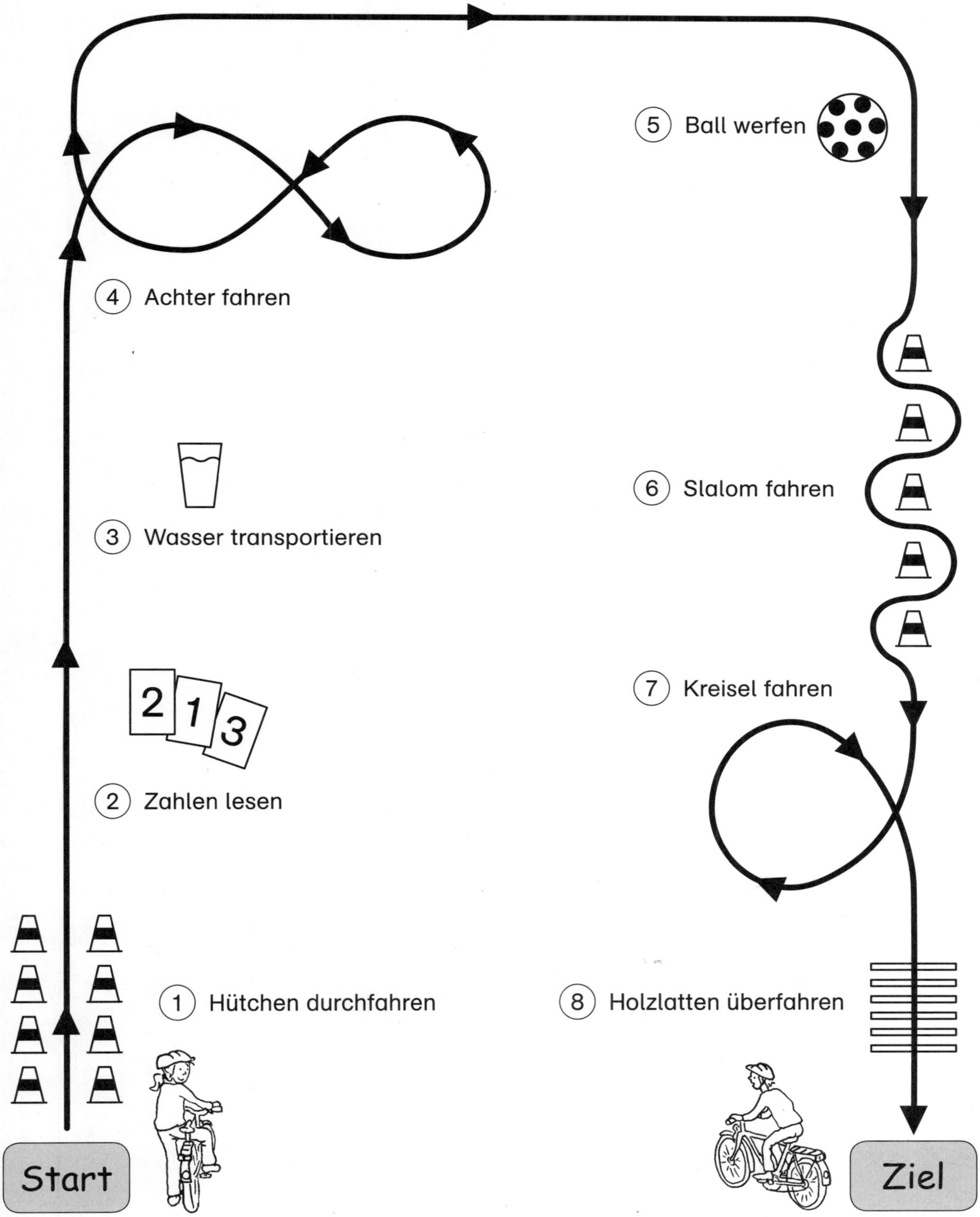